마땅히
누려야 할
인권
탐구생활

마땅히 누려야 할 인권 탐구생활

초판 1쇄 발행 2018년 12월 10일 **＼초판 5쇄 발행** 2023년 6월 10일
글쓴이 이기규 **＼그린이** 하완
펴낸이 이영선
책임편집 김문정
편집 이일규 김선정 김문정 김종훈 이민재 김영아 이현정 차소영 **＼디자인** 김회량 위수연
독자본부 김일신 정혜영 김연수 김민수 박정래 손미경 김동욱
펴낸곳 파란자전거 **＼출판등록** 1999년 9월 17일(제406-2005-000048호)
주소 경기도 파주시 광인사길 217(파주출판도시) **＼전화** (031)955-7470 **＼팩스** (031)955-7469
홈페이지 www.paja.co.kr **＼이메일** booksea21@hanmail.net

ⓒ 이기규·하완, 2018
ISBN 979-11-88609-20-8 73330

이 도서의 국립중앙도서관 출판예정도서목록(CIP)은 서지정보유통지원시스템 홈페이지(http://seoji.nl.go.kr)와
국가자료공동목록시스템(http://www.nl.go.kr/kolisnet)에서 이용하실 수 있습니다.(CIP제어번호: CIP2018036693)

파란자전거는 도서출판 서해문집의 어린이 책 브랜드입니다. 페달을 밟아야 똑바로 나아가는 자전거처럼
파란자전거는 어린이와 청소년이 혼자 힘으로도 바르게 설 수 있도록 도와줍니다.

어린이제품안전특별법에 의한 제품 표시
제조자명 파란자전거 **＼제조년월** 2023년 6월 **＼제조국** 대한민국 **＼사용연령** 11세 이상 어린이 제품

착한 사회를 위한 **우리 권리 이야기**

어린이와 청소년을 위한

마땅히 누려야 할 인권 탐구생활

이기규 글 | 하완 그림

파란자전거

| 글쓴이의 말 |

모든 이가 인권을 보장받는
아름다운 세상

오늘날 텔레비전이나 신문 등에서 '인권'이라는 말이 자주 등장합니다. 때로는 친구들이나 어른들과 이야기할 때 인권이라는 말이 자주 오르내리기도 합니다. 그렇다면 이 인권에 대해 몇 가지 질문을 해 볼까요?

첫째, 조금이라도 자신에게 불편하거나 어려운 문제가 생겼을 때, 그것을 두고 "인권 침해야!"라고 이야기하는 사람이 있습니다. 사람들이 평소에 흔히 주고받는 말에 대해 인권적으로 잘못된 말이라고 이야기하는 사람도 있습니다. 여기에서 말하는 것은 인권일까요, 아닐까요?

둘째, 왕이 신처럼 절대적인 힘을 발휘하던 옛날과 달리 오늘날을 사는 사람들은 인권을 매우 중요하게 생각합니다. 이렇게 인권을 중요하게 생각하는 이유는 무엇일까요?

셋째, 인권에는 여러 가지 권리가 있습니다. 이러한 권리 중에는 여러분이 당연히 누려야 한다고 생각하는 권리도 있고, 아직 누리지 못하거나 "저런 것도 우리 권리였어?"라고 생각할 법한 권리도 있습니다. 도대체 인권에는 어떤 권리가 있을까요?

이 세 질문에 대답할 수 있는 것이 바로 인권을 아는 것입니다. 저는 이 책을 어린이와 청소년이 인권을 제대로 알기 바라는 마음으로 썼습니다. 일상생활에서부터 중요한 역사적 사건까지 두루 살펴보며, 인권이 무엇인지 그리고 우리가 인권에 대해 잘못 알고 있는 것은 무엇인지를 하나하나 짚어 보려고 합니다. 인권을 제대로 아는 것은 매우 중요합니다. 인권을 제대로 알아야 자신의 권리를 지킬 수 있는 힘을 얻을 수 있습니다. 또한 다른 사람의 인권을 침해하지 않고, 함께 인권 문제를 해결할 힘을 얻을 수 있습니다.

필리핀에 있는 인권 연구소인 '노말 연구소'에서는 사람들이 인권에 대해 얼마나 민감한지, 인권 문제를 해결하려는 의식이 얼마나 높은지를 연구했습니다. 그 연구 결과를 살펴보면, 인권 의식은 크게 4단계로 나뉩니다.

첫 번째 단계는 인권 문제가 무엇인지조차 모르며 인권 문제에 관심을 두지 않는 수준입니다. 이 단계에 있는 사람들은 자신이나 다른 사람이 인권 침해를 당해도 그것이 인권 침해라고 생각하지 못하고 그저 억울하다고만 생각합니다. 이 책은 이 단계에 있는 사람들에게 '인권이 무엇인지'에 대해 자세히 설명해 줄 것입니다.

인권 의식의 두 번째 단계는 인권이 무엇인지 알고 인권 문제가 무엇인지도 알고 있지만, 여건상 그저 침묵할 수밖에 없다고 생각하는 수준입니다. 인권이 침해되었다고 생각하면서도 자신의 힘이 부족하기에 문제를 해결하는 것이 불가능하다고 생각하는 것입니다. 이런 처지에 있는 사람들은 어떻게 해야 인권 문제가 해결되는지 잘 모릅니다. 그리고 어차피 노력해 봐야 해결되지 않는다고 생각합니다. 그리고 다른 사람이 인권 침해를 당하는 모습을 보면서도 내가 도울 일은 없다고 생각합니다. 이 책은 인권 보장을 위해 노력한 사람들과 역사적 사건을 소개하고, 인권 문제를 해결한 사례를 짚어 보며 '인권 문제를 해결하고자 하는 노력이 왜 필요하고 인권 문제를 해결하는 방법에는 무엇이 있는지'에 대해 이야기하고자 합니다.

　인권 의식의 세 번째 단계는 인권에 관한 법이나 제도에는 무엇이 있는지 살펴보고 그것을 바탕으로 자신과 다른 사람의 인권을 보장하는 방법을 찾아보는 수준입니다. 이 단계에 이르면 자신은 물론 다른 사람의 인권 문제도 민감하게 살펴보고, 인권 문제를 해결하려면 어떤 법과 제도의 도움을 받을 수 있는지 살펴볼 수 있습니다. 이 책을 통해 '인권에 대해 알리고 인권을 더 넓고 깊게 생각하도록 안내하는 것'은 여러분이 적어도 이 단계 정도로 인권에 관심을 두기를 바라는 마음 때문입니다.

　인권 의식의 마지막인 네 번째 단계는 나의 인권 문제뿐만 아니라 다른 사람의 인권 문제를 해결하기 위해 먼저 나서며, 법이나 제도가 보장하지 못하는 인권 문제를 해결하기 위해 적극적으로 목소리를 내고 실천하는 수준입니다. 그래서 이 단계에 이른 사람들은 새로운 인권 법을 만들기 위해 목소리를 높이고, 인권 단체를 만들어 인권 문제를 해결하는 데에 앞장섭니다.

　모든 사람들이 이렇게 인권 문제를 해결하는 데에 적극적으로 나선다면, 세상의 모든 사람들은 차별받지 않고 한 사람, 한 사람의 인간으로서 존중받으며 살게 되겠지요.

　《마땅히 누려야 할 인권 탐구생활》은 그런 세상을 꿈꿉니다. 꿈에 한 발짝 다가가기 위해 여러분 스스로가 자신이 발 딛고 살아가는 세상의 인권 문제에 관심을 갖고, 자신을 비롯해 다른 사람도 인권을 보장받을 수 있도록 조금씩 더 노력하기를 바랍니다. 관심과 생각을 넘어 여러분이 할 수 있는 작은 실천을 함께해 보기를 바랍니다. 여러분의 작은 변화가 이 책이 꿈꾸는 '모든 이가 인권을 보장받는 아름다운 세상'을 좀 더 빨리 앞당기는 힘이 될 것입니다.

2018년 11월
이 기 규

차례

글쓴이의 말   4

1장 인권이 무엇인지 알고 싶어요

1. 인권이란?
'인권'의 뜻이 뭐예요?   16
사람이 사는 데는 무엇이 필요한가요?   17
어떻게 살아야 사람답게 사는 것일까요?   20
인권에는 어떤 권리가 있나요?   22

2. 시대에 따라 변화하는 인권
고조선에서는 사람을 ㅅ-형시켰대요   25
시대가 변하면 인권도 변한다고요?   27
더욱 깊어지고 넓어지는 인권   30

3. 많은 사람들의 노력과 희생으로 만들어진 인권
인권을 위해 사람들은 어떤 노력을 했나요?   31
"우리도 사람이다!"   32
"여성에게 투표권을!"   35
우리나라에서는 인권을 위해 어떤 노력을 했나요?   35

4. 인권이 가진 기본적인 생각과 방향
변하지 않는 인권이라고요?   37
인권은 구체적인 변화가 뒤따라야 해요   40
인권이 후퇴할 수도 있다고요?   42

인권, 직접 가꾸어 봐요!
인권을 위해 노력한 사람들을 찾아봐요   44

2장 우리 삶 속에 깃들어 있는 인권

1. 법과 인권
법만 잘 지키면 인권이 보장되나요? 48
법과 인권은 어떤 관계죠? 52

2. 인권과 민주주의
민주주의 국가에서 인권은 어떤 역할을 하나요? 54
인권을 보장하지 않는 나라는 국가가 아니라고요? 56

3. 인권과 경제
경제 성장을 위해 인권은 양보해도 될까요? 59
경제가 성장해도 인권 문제는 여전하다고요? 61

4. 우선순위가 없는 인권
더 중요한 인권과 덜 중요한 인권이 있나요? 63
잠시 미루어도 되는 인권도 있나요? 65
인권에는 의무나 책임이 없나요? 66
다른 사람에게 피해를 주는 인권은
인권이 아니라고요? 69

5. 인권의 문제인지 판단하는 다섯 기준
인권일까, 아닐까, 어떻게 알죠? 71
인권의 문제인지 아닌지를 판단하는 기준에는
무엇이 있나요? 72

6. 우리만의 인권? 모두의 인권!
다른 사람의 인권은 나랑 어떤 관련이 있나요? 76
다른 나라의 인권 문제에도 관심을 가져야 하는
이유는 무엇인가요? 80

인권, 직접 가꾸어 봐요!
우리 주변의 인권 침해 사례를 찾아봐요 82

3장 사람을 자유롭게 하는 인권

1. 차별받지 않을 권리
이건 차별이에요!	86
어떻게 편견을 없애죠?	89
어떤 이유에서든 차별받으면 안 돼!	92

2. 공정한 재판을 받을 권리
왜 나를 의심하죠? 억울해요!	93
함부로 유죄라고 말하면 안 된다고요?	95
공정하게 재판받을 권리란 무엇인가요?	97

3. 생명을 보호받고 존중받을 권리
안전하게 살고 싶어요!	98
사람의 자유와 생명은 반드시 지켜야 할 가치래요	100

4. 생각과 양심의 자유
내 생각을 들여다본다고요? 끔찍해요!	101
양심수는 누구예요?	102
생각은 자유롭게	105

5. 표현의 자유
왜 내 생각을 말하면 안 돼요?	106
표현의 자유란 무엇인가요?	107
집회와 시위, 무서운 것 아닌가요?	108

6. 사생활 보장의 권리
이게 발가벗겨진 것과 뭐가 달라!	111
사생활 보장의 권리란 무엇인가요?	112
사생활은 뭐든 보장되나요?	115

7. 정치에 참여할 권리
정치는 어른들이 하는 것 아닌가요?	116
더욱더 누려야 할 정치에 참여할 권리	118
누구나 동등하게 정치에 참여할 수 있어야 해요	119

인권, 직접 가꾸어 봐요!
우리 주변의 감시 카메라를 감시해 봐요 122

4장 사람답게 살게 해 주는 인권

1. 사회 보장을 위한 권리
복지 국가란 무엇인가요? 126
사회 보장이란 무엇인가요? 128

2. 일할 권리와 쉴 권리
우리에게도 놀 권리가 있어요! 131
정말 힘들게 얻어 낸 쉴 권리 132
일한 만큼 정당하게 대우받아야 해요 134

3. 문화생활을 누릴 권리
뭐, 공연장이 없다고? 136
문화생활을 누리는 것도 권리라고요? 137
카피라이트? 카피레프트? 138

4. 배우고 공부할 권리
공부하는 것도 인권이라고요? 142
다섯 가지 교육받을 권리 144

5. 좋은 환경에서 살 권리
환경은 전 세계의 문제래요 146
스톡홀름 선언은 무엇인가요? 147

우리 동네 문화 공간의 인권 점수를 매겨 봐요 150

5장 어린이와 청소년을 위한 권리

1. 어린이와 청소년 인권
어린이와 청소년에게도 인권이? 당연한 소리!   154
충분히 경험해 볼 기회가 필요해요   156
어린이도 이미 한 사람의 인간   158

2. 유엔아동권리협약과 학생 인권 조례
탕탕탕! 유엔아동권리협약을 채택합니다!   160
우리부터 유엔아동권리협약을 읽어 봐요   162
학생 인권 조례는 또 뭐데요?   163
경기도에서 시작한 학생 인권 조례   165
조례 제정에 그쳐서는 안 돼요!   166

3. 인권을 교육받을 권리
인권을 아는 것도 권리라고요?   168
인권을 교육받는 것은 무엇인가요?   169
잘 모르는 권리는 배워야 해요   170

4. 인권 보장을 위한 우리의 실천
우리의 목소리를 들어 주세요!   172
인권을 침해하는 현실을 고발해요   175
인권은 누군가가 해결해 주는 게 아니에요   176

인권, 직접 가꾸어 봐요!
인권 동아리를 만들어 봐요 178

부록
인권을 위한 전 세계의 약속, 세계인권선언   180

제1장

인권이 무엇인지 알고 싶어요!

"인권 친화적 학교 문화는 미래 교육의 핵심 역량"
오늘 신문에 실린 기사 제목이에요. 여기에 나오는 인권, 참 많이 들어 본 말이죠? 그런데 인권이 정확히 무엇인지 알고 있나요? 인간의 권리라고요? 맞는 말이에요. 하지만 그것만으로는 좀 부족해요. 인권이라는 말을 좀 더 풀어 이렇게 설명해 볼게요. 사람이 사람답게 살기 위해 마땅히 누려야 할 권리. 어때요? 이제 인권이 무엇인지 감이 좀 잡히나요?

'인권'의 뜻이 뭐예요?

여러분 중에 '인권'이라는 말을 들어 보지 않은 사람, 혹시 있나요? 신문이나 텔레비전 뉴스에서 흔히 나오는 말이 '인권'이지요. 우리가 배우는 사회 교과서에서도 인권이라는 말이 나오고, 수업 시간에 인권을 공부하기도 합니다. 친구들 중에는 "이건 인권 침해야!"라고 자주 말하는 친구도 있어요. 또 인권이 무슨 말인지 잘 몰라도 '국가인권위원회'나 '인권 단체' 같은 말을 들어 본 친구도 있을 거예요.

평소 인권이라는 말을 자주 듣고 말하지만, 정작 인권이 무엇인지 알지 못하는 친구들이 많습니다. 그러다 보니 인권은 너무 어려운 이야기거나 나랑 상관없는 먼 나라 이야기라고 생각하기도 하지요.

하지만 인권은 우리의 삶과 아주 밀접한 관계를 맺고 있어요. 그래서 우선 인권이 무엇인지 제대로 알아야 하죠. 인권이 무엇인지를 잘 알아야 자신의 인권을 지킬 수 있고, 다른 사람의 인권에도 관심을 보일 수 있기 때문이에요. 이제부터 여러분의 삶에서 매우 중요하지만 정작 제대로 알지 못했던 권리인 '인권'을 본격적으로 알아보고자 해요. 자, 인권이 무엇인지 차근차근 이야기해 볼까요?

인권은 한자로 '人權'이라고 씁니다. 여기에서 권(權) 자는 '권리'를 뜻해요. 권리란 '내가 마음껏 누리를 수 있는 힘'을 뜻하죠. 영어로는 인권을 'Human Rights'라고 하는데, 이 말 역시 '인간의 권리'란 뜻이에요. 즉, 인권을 간단히 설명하면 '사람이라면 누구나 마음껏 누려야 할 권리'라고 할 수 있지요.

사람이 사는 데는 무엇이 필요한가요?

'사람이라면 누구나 마음껏 누려야 할 권리'라니 무슨 말인지 알쏭달쏭하다고요? 인권을 제대로 알려면 먼저 사람이 사는 데 무엇이 꼭 필요한지부터 생각해 보면 좋아요.

사람이 사는 데 꼭 필요한 것에는 무엇이 있을까요? 첫 번째로 음식과 물이 있어요. 물이 없으면 3일을 버티기가 힘들고, 음식을 먹지 않으면 일

주일을 견디기 어렵다고 하네요. 만약 여러분이 아무도 살지 않는 사막 한가운데에 홀로 떨어지게 된다면, 여러분은 당장 "살려 주세요!"라고 외칠 거예요.

두 번째로 추위와 더위를 피할 수 있는 옷이 필요해요. 위험으로부터 몸을 숨기고 편안하게 잘 수 있는 집도 필요하지요. 여러분이 먹고 마실 음식과 물이 있더라도 맹수가 우글거리는 밀림에서 집도 없이 살아간다면 하루하루 무서움 속에서 벌벌 떨 수밖에 없을 거예요. 이렇게 음식과 물, 옷과 집 같은 것을 누리고 사는 것은 인권에서도 가장 기본적인 권리예요. 그렇다면 이런 것들만 잘 누린다면 우리는 '사람답게 산다'고 말할 수 있을까요?

여러분이 동물원 안 우리에 갇혀 있다고 생각해 봐요. 게다가 단순히 갇혀 있는 게 아니라 동물원에 갇힌 동물처럼 누군가가 여러분에게 먹을거리도 주고 보살펴 준다고 생각해 봐요. 충분한 음식과 옷을 주고 위험으로부터 피할 수 있는 집도 주었으니 동물원에서 사는 삶이 행복할까요? 아니겠죠. 아마 여러분이 정말 그런 상황에 처했다면 화가 나 이렇게 외칠지도 몰라요.

"우리는 동물원 원숭이가 아니다! 우리에게 자유를 달라!"

사실 동물원의 동물도 갇혀 있는 것을 좋아하지 않아요. 하물며 사람은 더하겠지요. 먹을거리와 입을 옷 그리고 몸을 보호할 집이 있다고 해도 자유롭지 않다면 '사람답게 산다'고 말할 수 없어요.

어떻게 살아야 사람답게 사는 것일까요?

자유를 누린다는 것은 단지 눈에 보이는 자유만을 이야기하는 것이 아니에요. 내 스스로 자유롭게 생각하고 내 생각을 자유롭게 표현할 수 없다면, 또 하고 싶은 말이 있어도 무조건 입을 다물어야 한다면 '자유롭다'고 이야기할 수 없어요.

예를 들어 무시무시한 왕이 지배하는 나라가 있다고 생각해 봐요. 왕이 하는 말은 모두 법처럼 따라야 하고 왕의 말에 반대하는 사람은 무조건 죽음을 당하거나 잡혀간다면 사람들은 어떨까요? 자유롭다고 느낄 수 있을까요? 왕의 명령만 따르면 목숨이야 지킬 수 있겠지만, 사람들은 "이건 살아도 사는 게 아니다!"라고 말할 거예요. 생각과 표현을 자유롭게 할 수 없다면 사람답게 사는 것이라고 말할 수 없기 때문이지요.

생각이 같은 사람들이 모여 한목소리를 내거나, 학급에서 회장 후보로 나서거나, 내가 원하는 회장 후보에게 투표하는 일은 모두 다 자신의 생각을 표현하고 목소리를 내는 일이에요. 이러한 일을 돈이 많거나 힘이 센 사람들만 할 수 있다면 어떨까요? 여러분은 '사람으로서 존중받지 못한다'고 느낄지도 몰라요. 이렇게 모이고 참여하는 일을 하는 것도 사람답게 살기 위해 중요한 일이랍니다.

만약 여러분이 사는 곳이 전쟁터라서 언제 죽거나 다칠지 모르는 위험한 상황에 처해 있다면 사람답게 산다고 말할 수 있을까요? 또 여러분이 알고 싶은 것이나 배우고 싶은 것이 있는데 아무도 알려 주지 않는다면 어떨까요? 내가 원하는 노래를 듣거나 부를 수 없고, 내가 읽고 싶은 책을 읽을 수 없다면 어떨까요? 매일 열두 시간씩 쉬지 않고 일하지 않으면 제대로 된 음식을 살 수 없고 편안히 쉴 집도 구할 수 없는 상황이라면 어떨까요? 이런 상황에 처해 있다면 우리는 과연 사람답게 산다고 말할 수 있을까요?

인권은 단지 옷, 음식, 집을 갖추는 것처럼 생명을 유지하는 데 필요한 권리만을 말하는 것이 아니에요. '사람이 사람답게 사는 데 필요한 여러 가지 권리'를 모두 인권이라고 하지요. 이렇게 사람답게 살아가는 데 필요한 수많은 권리를 특별한 몇몇 사람만 누리면 안 되겠죠? 인권은 왕의 권리인 '왕권'이나 **특허**[*]를 가진 사람만 누리는 권리인 '특허권'처럼 특별한 위치에 있는 사람만의 권리가 아니에요. 인권은 사람이라면 단 한 사람도 예외 없이 모두가 누려야 할 권리지요. 그래서 인권은 '모든 사람이 누구나 사람답게 살기 위해 온전히 누려야 할 모든 권리'를 뜻해요.

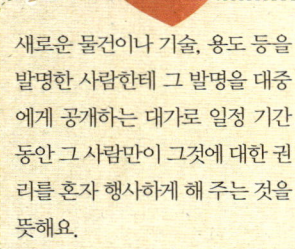

특허
새로운 물건이나 기술, 용도 등을 발명한 사람한테 그 발명을 대중에게 공개하는 대가로 일정 기간 동안 그 사람만이 그것에 대한 권리를 혼자 행사하게 해 주는 것을 뜻해요.

인권에는 어떤 권리가 있나요?

인권이 '모든 사람이 누구나 사람답게 살기 위해 누려야 할 모든 권리'라는 것을 알았다면, 인권이 어떤 권리로 나뉘어 있는지 한번 살펴볼까요?

먼저 인권에는 '자유를 누리기 위해 필요한 권리'가 있어요. 이를 다른 말로 '자유권적 인권' 또는 '시민적, 정치적 권리'라고 하지요. 자유를 누리기 위한 인권은 한 사람이 자유롭게 살기 위한 권리예요. 여기에는 국가를 비롯해 다른 누군가로부터 간섭받지 않고 자유롭게 생활하고 자신의 생각에 대해 목소리를 높이기 위한 '자유권'이 핵심이지요. 그리고 누구나 정치에 참여해 자신의 목소리를 낼 수 있는 권리인 '참정권'과 누구나 공정한 재판을 받을 수 있는 권리인 '재판권' 등이 포함돼요.

두 번째로 인권에는 '인간다운 삶을 누리기 위한 권리'가 있어요. 이를 다른 말로 '사회권적 인권'이라고도 하지요. 인간다운 삶을 누리기 위한 권리는 앞에서 말한 자유를 누리기 위한 권리에서 한 발 더 나아가 적극적으로 국가의 책임을 요구하는 권리예요. 국가가 단순히 사람들의 자유를 가로막지 않는다고 사람들의 인권이 모두 보장되는 것은 아니기 때문이에요. 몸이 자유롭고 생각이 자유롭지만 가난하거나 직장이 없어서 최소한의 인간다운 삶을 누릴 수 없는 사람들이 있다고 해 봐요. 이런 사람들은 국가가 앞장서서 보호해야 해요. 국가는 모든 사람들이 인간다운 삶을 누릴 수 있도록 누구나 직업을 가지고 일할 권리, 충분히 휴식을 취할

권리, 제대로 된 교육을 받을 권리, 문화생활을 누릴 권리 등을 보장해야 합니다.

마지막으로 인권에는 '함께 인권을 누리기 위해 필요한 권리'가 있어요. 이를 다른 말로 '연대권'이라고도 하지요. 만약 우리나라에서는 인권이 보장되고 있지만, 다른 나라에서는 인권을 보장받지 못한다면 우리는 가만히 있어도 될까요? 또한 세계 전체에 영향을 끼치는 환경 오염 같은 문제는 어느 한 나라 정부의 노력만으로는 해결하기 힘들기 때문에 지구상의 모든 나라가 함께 힘을 모아야 해요.

이렇게 온 인류가 '함께 인권을 누리기 위해 필요한 권리'로서의 인권은 단순히 인권 침해를 당한 어느 한 사람 또는 어느 한 나라만의 문제가 아니에요. 전 세계의 모든 사람들이 함께 관심을 가지고 노력해야 하는 것이죠.

그래서 세계 모든 사람들의 현재와 미래에 큰 영향을 미치는 환경 문제를 해결하는 것, 세계 평화를 유지하기 위해 노력하는 것, 작은 부족이나 민족의 문화를 지키고 보존하는 것 등 세계 여러 나라 사람들이 함께 관심을 갖는 것도 인권을 지키는 일이랍니다.

어때요? 인권이 말하는 권리가 무척 다양하다는 것을 알 수 있나요? 너무 어렵고 복잡하다고요? 걱정 마세요. 곧 각각의 권리를 좀 더 자세하게 알아 갈 테니까요.

고조선에서는 사람을 사형시켰대요

　세상의 모든 것은 변합니다. 여러분도 태어났을 때는 갓난아기였지만 나이를 먹으면서 키가 자라고 몸무게도 늘었어요. 눈에 보이는 모습뿐 아니라 생각이나 지식도 조금씩 변했을 거예요. 사람뿐만 아니라 자연도 변하죠. 겨울에는 앙상했던 나뭇가지가 여름에는 잎이 무성해지고 꽃을 피우고 열매를 맺어요. 이렇게 세상의 모든 것은 변화합니다. 그렇다면 인권도 변화하는 권리일까요?

　한번 생각해 봐요. 우리나라 고조선이나 삼국 시대의 인권과 지금의 인권은 같을까요? 아니면 다를까요? 고조선에 있었던 '8조 금법' 가운데 지금까지 전해지는 내용을 살펴보면 다음과 같아요.

첫째, 사람을 죽인 자는 즉시 사형에 처한다.

둘째, 남에게 상처를 입힌 자는 곡물로써 배상한다.

셋째, 남의 물건을 훔친 자는 노비로 삼되 용서를 받으려면 돈 50만 냥을 내야 한다.

첫 번째 법부터 살펴봅시다. 고조선 사회가 살인죄를 엄하게 처벌한 것을 보면 생명을 중요하게 생각한 사회라는 것을 엿볼 수 있어요. 또 두 번째와 세 번째 법을 보면 고조선 사회가 사람들의 재산을 보호하려고 노력했다는 것도 알 수 있지요.

그렇다면 고조선 때의 인권과 오늘날의 인권이 같다고 할 수 있을까요? 물론 아니죠. 옛날에는 사람을 죽인 사람은 사형을 시키는 것이 당연한 일이라고 사람들 대부분이 믿었어요. 하지만 지금은 살인죄를 저지른 사람이라도 그 벌로 목숨을 빼앗는 사형 제도는 없어져야 한다고 생각하는 사람들이 예전보다 더 많아졌어요. 아무리 큰 죄를 지었더라도 사람의 생명을 앗아 가는 것은 비인권적이라는 생각이 널리 퍼졌기 때문이지요. 이에 따라 전 세계 나라 중 144개국은 사형 제도를 폐지했어요. 우리나라도 법적으로 사형 제도는 존재하지만 오랫동안 시행하지 않아서 실제로 사형을 실시하지 않는 나라에 속해요. 이렇게 생명 존중에 대한 생각도 시대가 변해 감에 따라 더욱 깊어졌지요.

세 번째 법인 "남의 물건을 훔친 자는 노비로 삼되 용서를 받으려면 돈

50만 냥을 내야 한다."를 보면 '노비'라는 말이 나와요. 여기에서 노비는 사람이기는 하지만 사람 취급을 받지 못하는 가장 낮은 신분을 말해요. 그래서 노비는 주인의 말을 무조건 따라야 했고, 물건처럼 사고팔 수도 있었어요. 이렇게 사람이지만 사람이 아니었던 노비는 주인이 함부로 대해도 되고 심지어 죽여도 큰 문제가 되지 않았어요. 또한 고조선과 삼국 시대부터 조선 시대까지 노비뿐만 아니라 왕과 귀족, 평민과 천민 등의 신분이 존재했고, 이런 신분에 따라 차등을 두어 대하는 것이 당연하다고 생각되어 왔지요. 하지만 오늘날의 사회에서는 사람이 다른 사람을 노예처럼 부려 먹는 일은 명백한 인권 침해예요. 또한 양반과 노비 같은 신분제를 계속 유지해야 한다고 주장하는 사람은 더 이상 없답니다.

시대가 변하면 인권도 변한다고요?

우리나라뿐만이 아니에요. 민주주의를 처음 시작한 고대 그리스의 아테네는 시민이라면 누구나 투표하고 정치에 참여할 수 있었지만, 그것은 어디까지나 남성 시민에게만 허용되었어요. 주인 마음대로 사고팔 수 있는 가축 취급을 당한 노예는 물론이고, 여성 또한 남성과 동등한 시민으로 여겨지지 않아 투표에 참여할 수 없었어요. 투표나 정치는 그저 남성 시민의 소유물로만 생각되었지요.

그뿐만이 아니에요. 오늘날과 같이 남녀 모두가 선거에 참여해 투표하거나 국회의원이나 대통령 선거 후보로 나설 수 있는 권리가 모두에게 보장된 것은 20세기가 되어서야 가능했어요. 그 전에는 상상조차 하지 못할 일이었지요. 하지만 오늘날 민주주의 사회에서는 여성이 투표를 하고 정치에 나서는 일이 당연한 권리로 여겨지고 있어요.

우리가 인권의 기본 원칙으로 삼고 있는 유엔 '세계인권선언'을 살펴보면, 어린이의 권리나 장애인의 권리를 특별히 언급하지 않고 있음을 알 수 있어요. 세계인권선언이 채택될 당시인 1948년에는 장애인의 권리나 어린이의 권리에 대한 생각이 지금보다 많이 부족했다는 사실을 알 수 있지요.

 이렇게 시간이 지날수록 사람들의 인권에 대한 생각은 변해 왔고, 그에 따라 인권의 내용도 더욱 풍부해졌어요. 또한 새로운 문화나 과학이 발달하면서 인권의 내용을 변화시키기도 하죠. 인터넷과 같은 과학 기술의 발달은 사람들에게 편리함을 주었지만, 이 과정에서 사람들의 인권을 침해하는 일이 발생하기도 했어요. 자신이 원하지 않았는데도 개인 정보가 인터넷상에서 퍼지거나, 인터넷에서 차별적인 말로 공격받는 경우도 생겼고요. 이후 인터넷 공간과 같은 가상 공간에서 일어나는 인권 침해를 막으려고 사람들이 고민하기 시작했고, 이는 특별히 '사이버 인권'이라는 이름으로 불리고 있어요.

 세계를 지구촌이라 부를 만큼 각 나라는 서로 가까워지고 문화의 교류

도 활발해지면서 인권의 문제는 단지 한 나라만의 문제가 아니라 전 세계가 함께 해결해야 할 문제라고 생각하기 시작했답니다.

더욱 깊어지고 넓어지는 인권

인권에 대한 사람들의 생각과 관심은 더욱더 깊어지고 넓어지고 있어요. 사회가 발달하면서 인권의 영역도 새롭게 발견되는 일이 많아졌고요. 사회가 발전하는 것에 발맞춰 모든 사람들이 서로 동등한 권리를 누리며 사람답게 살아가야 한다는 생각이 하나 둘 모여 함께 목소리를 내었기 때문에 가능한 일이었지요. 노예 해방 운동, 여성 참정권 운동 등 끊임없이 인권 보장을 위해 노력한 사람들의 희생 덕분에 오늘날 같은 다양한 인권 보장 제도가 만들어지고 인권 보장이 당연하다는 생각이 우리 사회에 깊숙하게 자리 잡게 되었어요.

앞으로 세상이 변화함에 따라 어떤 인권 영역이 새로 발견되고 인권의 내용이 얼마만큼 더 깊어질까요? 그것은 알 수 없어요. 하지만 우리가 인권에 대해 생각하고 고민할수록 우리가 누려야 할 인권은 더욱더 발전할 것이 분명해요.

인권을 위해 사람들은 어떤 노력을 했나요?

인권은 처음부터 누구나 누릴 수 있는 권리가 아니었어요. 그래서 아주 옛날에는 인권이라는 말 자체가 없었지요. 왕권처럼 법을 만들고 사람들을 잡아 가둘 수 있는 권리가 왕에게만 있었던 시대가 있었어요. 이 시대에는 왕이나 귀족만 사람답게 살 수 있었죠. 또 어떤 시대에는 여성은 한 명의 동등한 사람으로 존중받지 못하고 남성의 소유물처럼 여겨지기도 했어요. 그래서 당시에 인권은 오직 남성만 누릴 수 있었어요. 그렇다면 오늘날처럼 모든 사람이 인권을 누려야 한다는 생각은 시간이 지남에 따라 저절로 생겨났을까요?

그렇지 않아요. 인권이 발전하고 변화한 것처럼, 인권에 관심을 갖고 많은 사람이 누릴 수 있게 된 데에는 앞장서서 노력한 사람들이 있었기 때문이에요. "우리에게도 인권이 있다!", "우리도 인간이다!", "우리를 인간답게 존중하라!"고 외치는 사람들이 없었다면 오늘날과 같은 인권은 누리지 못했을 거예요. 지금처럼 모든 사람이 인권을 외칠 수 있게 된 데는 수많은 사람들의 노력과 희생이 필요했지요. 그렇다면 사람들은 인권을 위해 어떤 노력을 해 왔는지 한번 살펴볼까요.

"우리도 사람이다!"

지금으로부터 2100여 년 전 로마의 검투사 노예였던 스파르타쿠스는 자신의 동료들과 노예 제도에 반대하는 반란을 일으켰어요. 당시 로마에는 노예에게 칼을 쥐어 주고 어느 한쪽이 죽을 때까지 싸움을 시킨 뒤 이를 영화 관람하듯 구경하는 끔찍한 문화가 있었어요. 스파르타쿠스는 이런 인간답지 못한 노예 제도에 맞서 반란을 일으켰지요. 하지만 스파르타쿠스와 동료들의 반란은 성공하지 못했고 결국 모두 죽게 되었어요.

로마뿐만 아니라 우리나라에도 노예 제도와 신분 제도에 저항한 사람들이 있었어요. 고려 시대에 노비로 태어난 만적은 노비가 없는 세상을 꿈꾸며 반란을 일으켰지만 역시 실패하고 말았지요. 스파르타쿠스든 만적이든 모두 실패했으니 아무런 변화가 없었냐고요? 그렇지 않아요. 만약 그들이 신분 제도를 바꾸려고 저항하지 않았다면, 지금도 노예나 노비처럼 인간으로 존중받지 못하는 신분이 여전히 있을지도 몰라요. 오늘날 노예 제도나 신분 제도가 사라진 것은 스파르타쿠스나 만적 이후에도 비인간적인 신분 제도와 노예 제도를 없애려고 노력한 사람들이 계속해서 나타났기 때문이에요.

많은 사람들의 끊임없는 노력과 희생으로 신분 제도와 노예 제도는 19세기 들어 사라졌지만 차별이 완전히 사라진 것은 아니었어요. 미국에서는 남북전쟁 이후 공식적으로 노예 제도가 폐지되었다고는 하지만, 일상생활에서 흑인은 여전히 차별받았어요. 흑인은 백인과 같은 식당에 들어갈 수도 없었고, 버스를 타도 맨 뒤 구석의 흑인만을 위한 자리에 앉아야 했어요. 이러한 인종 차별에 저항한 대표적인 인물로 마틴 루터 킹 목사가 있어요. 그는 1955년 12월, 시내버스에 흑인과 백인의 자리를 구분하는 흑인 차별 정책에 반대하는 '몽고메리 버스 거부 투쟁'을 이끌었어요. 그 결과 미국 연방대법원은 몽고메리 시의 인종 차별 행위와 관련 법령에 대해 위헌 판결을 내렸지요. 또한 이에 힘입어 킹 목사는 인종 차별 철폐를 위한 비폭력 운동, 흑인의 시민권을 얻어 내기 위한 '공민권 운동'을 활발히 벌였답니다.

"여성에게 투표권을!"

100여 년 전까지만 해도 여성은 정치에 참여하고 투표할 수 있는 권리를 누릴 수 없었어요. 이에 여성들은 가만히 있지 않고 투표할 권리를 달라고 외쳤지요. 영국의 에밀리 데이비슨은 여성이 정치에 참여할 권리를 달라며 여성 참정권 운동을 시작했어요. 하지만 영국 정부는 에밀리 데이비슨을 수차례 감옥에 가두었어요. 그녀는 감옥에서 고문에 굴하지 않고 단식까지 하면서 자신의 주장을 계속 외쳤지요.

1913년에 에밀리 데이비슨은 한 경마장에서 "여성에게 투표권을!"이라는 구호를 외치며 경주로에 뛰어들었다가 달리던 왕의 말과 부딪혀 그 자리에서 목숨을 잃었어요. 하지만 에밀리 데이비슨의 이런 희생 이후 수많은 여성 운동가들은 노력을 멈추지 않았어요. 그 결과 1918년에 영국 정부는 여성에게도 투표권을 보장했답니다.

우리나라에서는 인권을 위해 어떤 노력을 했나요?

1970년대 우리나라의 박정희 대통령은 군사 반란을 일으켜 대통령이 된 뒤, 독재 정치를 하면서 국민들의 인권을 탄압했어요. 그 당시 우리나라는 대통령을 국민이 직접 뽑을 수 없었고, 금지곡이 있어 자기 마음대로 노래를 듣고 부를 수 없었어요. 심지어 옷차림과 머리 모양까지 국가가 정해 주는 사회였지요. 많은 사람들이 대통령을 비판하고 자유를 요구했지만, 이들의 요구는 모두 받아들여지지 않았어요. 사람들은 감옥에 갇히고 고문을 당하기도 했어요. 하지만 사람들은 포기하지 않았고, 대통령의 독재 정치에 저항했지요. 1979년에 부산과 마산에서 일어난 민주화 운동이 그 대표적인 예랍니다.

박정희 대통령이 죽고 나서 사람들은 민주주의가 꽃필 것을 기대했어요. 하지만 전두환과 노태우 같은 군인들이 다시 군사 반란을 일으켰어요. 1980년 5월에 광주의 시민과 학생 들은 이에 맞서 시위를 벌였지만, 전두환과 노태우 등의 군인들은 광주 사람들을 무차별하게 죽이는 만행을 저질렀어요. 만약 이러한 독재자들의 폭력에 사람들이 침묵만 했다면, 오늘날 우리 사회는 여전히 군사 독재 사회에서 벗어나지 못했을 거예요. 하지만 광주 시민의 희생을 잊지 않은 국민들은 민주주의를 지키기 위해 군사 독재 정권과 계속 싸웠고, 1987년 드디어 국민의 손으로 대통령을 직접 뽑을 수 있게 되었지요.

이처럼 인권을 위한 수많은 사람들의 노력과 희생이 없었다면 오늘날 우리가 자유롭게 인권에 대해 이야기할 수 없었을 거예요. 인권은 가만히 기다리면 누군가 던져 주는 권리가 아니에요. 모든 사람이 사람답게 사는 데에는 무엇이 필요한지 살피고, 그것을 얻고자 끊임없이 노력하고 희생했던 사람들 덕분에 오늘날 우리는 인권을 보장받게 되었답니다.

변하지 않는 인권이라고요?

앞에서 인권은 "세상의 변화에 따라 더욱더 깊어지고 넓어지는 방향으로 변하고 있다."고 한 말 기억하나요? 그리고 인권을 보장하기 위해 수많은 사람들의 노력과 희생이 필요했다는 것도 기억할 거예요. 그런데 시대에 따라 여러 사람들의 노력과 희생으로 변화한 인권에도 변하지 않고 반드시 지켜져야 하는 부분이 있어요. 그것은 바로 '인권이 가진 기본적인 생각과 방향'이에요.

첫 번째로 인권은 '약자의 인권에 먼저 귀를 기울이는 권리'라는 생각은 변하지 않습니다. 인권을 "모든 사람이 사람답게 살기 위해 반드시 누려야 할 권리"라고 하고, 이 중에 '모든 사람'이라는 부분을 강조하는 이유는 지금까지도 인권을 제대로 누리지 못하는 사람들이 있기 때문이에요.

학교에서 보면 힘이 세고 덩치도 큰 친구는 자기가 하고 싶은 말을 마음껏 할 수 있지만, 키도 작고 힘도 약한 친구는 자기가 하고 싶은 말을 제대로 할 수 있는 기회가 없거나 부족한 경우가 많아요. 공부를 잘하거나 말을 잘하거나 축구를 잘하는 친구는 환영받지만, 공부를 못하거나 말을 더듬거나 운동을 잘하지 못하는 친구는 조용히 지내는 경우도 종종 보았을 거예요. 이렇게 힘이 약하고 자신의 목소리를 마음껏 내지 못하는 사람을 '약자'라고 해요.

학교에 힘이 약한 친구들이 있는 것처럼 사회에도 힘이 약해 자신의 목소리를 제대로 내지 못하는 사람들이 있어요. 이런 사람들을 '사회적 약자' 또는 '소수자'라고 부릅니다. 이러한 사람들은 지금껏 인권을 제대로 누리지 못했어요. 남성보다는 여성이, 백인보다는 흑인이, 비장애인보다는 장애인이, 건강한 사람보다는 병이 있는 사람이, 학력이 높은 사람보다는 학력이 낮은 사람이, 부자보다는 가난한 사람이 자신이 누려야 할 인권을 제대로 누리지 못하고 있어요. 인권이 이러한 사회적 약자에 관심을 더 기울이는 것은 지금껏 그들이 누리지 못했던 권리를 공평하게 누리게 하기 위해서지요.

지하철에 장애인을 위한 엘리베이터가 설치되어야 하는 것은 장애인이 불쌍하고 도와주어야 하는 존재라서가 아니에요. 장애인도 비장애인처럼 자유롭게 이동할 수 있는 당연한 권리를 누리게 하기 위해서죠. 노숙인

노숙인

집과 같은 자신만의 거주지가 없어 거리나 공원, 공터와 같은 야외에서 잠을 자는 사람을 노숙인이라고 해요. 요즘은 영어 단어인 홈리스(Homeless)라고도 부르지요. 경제적인 이유로 살 집이 없어 노숙하는 사람도 있고, 가출이나 가족 해체로 떠돌아다니는 사람도 있어요.

을 위한 무료 급식소나 쉼터를 만드는 것은 **노숙인***이 가난하고 불쌍한 존재이기 때문이 아니에요. 노숙인도 인간으로서 기본적인 먹을거리와 쉴 곳을 누릴 권리를 가져야 하기 때문이에요.

그런 의미에서 인권은 사회적 약자의 권리를 먼저 생각하고 귀를 기울이는 것이에요. 이것은 세상이 변해도 바뀌지 않을 인권의 기본적인 생각이지요. 어느 시대든 어느 곳이든 세상의 그 누구도 인권을 공평하게 누리지 못하는 사람이 있다면, 인권은 그 사람을 먼저 생각하게 할 거예요. 왜냐하면 인권은 특별한 사람만이 누릴 권리가 아니라 모든 사람이 당연히 누려야 할 권리이기 때문이지요.

인권은 구체적인 변화가 뒤따라야 해요

두 번째로 인권은 사람들의 생각뿐만 아니라 구체적인 변화를 함께 이끌어야 한다는 생각은 변하지 않습니다.

"모든 사람을 공평하게 대해야 해."라거나 "사람을 존중해야 해." 또는 "차별하면 안 돼."라는 말을 하는 것은 쉬워요. 하지만 모든 사람이 정말 공평하게 대우받고 차별받지 않으려면 구체적인 변화가 함께해야 하죠.

"여성이나 남성이나 모두 평등해."라는 생각을 갖는 것도 중요하지만, 실제로 여성이 직장을 얻거나 승진하기 위해 남성보다 더 큰 노력을 해야 한다면 "남녀가 평등해."라는 말은 의미가 없어요.

"외모가 중요하지 않고 능력이 중요해."라고 말하면서도 정작 직장을 얻기 위해 쓰는 이력서에 사진을 붙이는 것이 당연하게 생각된다면 인권을 보장받는다고 말할 수 없어요. "학생들이 학교의 주인"이라고 말하면서 학생들이 학생회를 꾸릴 수도 없고 학생회에서 모은 의견을 학교에 전달할 수도 없다면, 학생들이 인권을 보장받고 있다고 말할 수 없어요.

이렇게 인권은 단순히 사람들의 생각이 바뀌는 것만을 말하지 않아요. 구체적인 변화가 함께하지 않는 인권은 더 이상 인권이라고 말할 수 없기 때문이에요. 여기에서 말하는 구체적인 변화는 법이나 제도, 규칙을 바꾸는 것, 시설을 만드는 것 모두를 말해요. 우리나라의 한 항공사는 승무원을 뽑는 시험에서 사진을 붙이지 않는 이력서를 사용하고 있어요. 작은 일일지도 모르지만 외모로 사람을 판단하지 않겠다는 생각이 반영된 구체적인 변화가 "외모보다는 실력"이라는 말보다 더 중요하답니다.

인권은 모든 사람이 동등하고 존중받아야 한다는 생각에서 출발해요. 이를 위해 여러 가지 제도와 법 그리고 필요한 시설이 뒷받침될 때 비로소 제대로 된 보장을 받을 수 있고 존중받을 수도 있는 것이지요.

인권이 후퇴할 수도 있다고요?

세 번째로 인권이 앞으로 더욱더 구체화되고 넓어진다는 생각은 변하지 않습니다. 역사가 흐르고 우리의 생활이 점점 변화하고 발전할수록 인권의 내용도 더더욱 변화하고 발전하고 있어요. 하지만 현재의 인권보다 후퇴하는 것을 인권이라고 말할 수는 없어요.

우리나라에는 1960년에 4·19혁명으로 독재 정권을 무너뜨린 후 인권과 민주주의를 열망했지만, 1년 만에 5·16군사정변으로 세워진 군사 독재 정권이 사람들의 인권을 더욱 모질게 탄압한 역사가 있어요.

시간이 더 지났으니 4·19 때보다 5·16 이후의 인권이 발전했다고 말할 수 있을까요? 아니에요. 우리는 오히려 이러한 시대를 '인권의 암흑기'라고 말하지요. 인권이 오늘날처럼 더 나아진 것은 인권의 암흑기를 이겨 내고 더 나은 인권 보장을 위해 사람들이 멈추지 않고 노력했기 때문이에요. 이것이 바로 인권을 더욱 발전하게 하는 큰 힘이지요.

제2차 세계 대전에서 나치나 일본군이 저지른 잔인한 민간인 학살 사건은 인간이 인간에게 해서는 안 될 일을 자행했던 부끄러운 역사예요. 하지만 사람들은 이러한 전쟁이 가져다준 참혹함을 반성하고 평화를 위해 노력하며 세상 모든 사람이 존중받아야 한다는 가장 중요한 가치를 깨달았어요. 그리고 세계 모든 나라의 목소리를 모은 결과물을 탄생시키는데, 이것이 바로 '세계인권선언'이에요.

역사가 흐르고 세상이 변하면서 앞으로도 인권을 훼손하려 하는 많은 일이 일어날 수 있어요. 하지만 모든 사람이 모든 조건에 동등하게 존중받아야 한다는 기본 가치가 변하지 않는 한, 인권은 결코 후퇴하지 않고 계속 발전하며 앞으로 나아갈 거예요.

콕, 짚고 넘어가요!

4·19혁명과 5·16군사정변

1960년 3월 15일에 열린 제4대 대통령 선거에서 이승만 대통령은 다시 당선되기 위해 많은 부정행위를 저질렀어요. 이에 전국 각지에서 항의 시위가 일어났어요. 4월 19일에 대통령 관저로 모여드는 시위대를 향해 총을 쏘는 최악의 상황이 벌어졌고, 결국 이승만은 대통령 자리에서 물러나 하와이로 망명하게 되었어요.

4·19혁명으로 독재 정치를 펼치던 이승만 대통령이 물러난 뒤 새로운 정부가 들어섰지만 얼마 가지 못했어요. 박정희를 비롯한 일부 군인 세력이 반란을 일으켜 권력을 손에 넣었기 때문이지요. 1961년 5월 16일에 있었던 이 군사 반란을 5·16군사정변이라고 합니다. 박정희는 정변 이후 선거를 통해 대통령이 되었지만, 실질적으로는 이때부터 군사 독재 정치가 시작된 셈이에요. 그 뒤로도 군인 세력의 독재 정치는 30여 년간 이어져 모질게 인권을 탄압했지요.

인권을 위해 노력한 사람들을 찾아봐요

마틴 루터 킹처럼 차별에 맞서 싸운 사람은 미국에만 있을까요? 우리나라에서 인권을 위해 노력한 사람을 찾아봐요.

실천 하나 우리 주변에서 인권을 침해받은 현실 문제를 찾아보고, 그 문제를 해결하려고 노력한 사람을 찾아봐요.

실천 둘 인권을 위해 노력한 사람이 어떤 일을 했는지 잘 살펴봐요. 그리고 그 일을 하는 데 어려웠던 점이 무엇이 있는지 알아봐요.

실천 셋 조사한 내용을 다른 친구에게 알리고 함께 이야기를 나눠 봐요.

세계의 인권 운동가들을 찾아볼까요?
남아프리카공화국의 넬슨 만델라, 폴란드의 야누시 코르차크, 한국의 전태일와 서준식, 어린이 인권 운동가인 이크발 마시흐와 말랄라 유사프자이에 대해 인터넷에서 찾아보세요.

제2장

우리 삶 속에 깃들어 있는 인권

사람은 혼자 살아갈 수 없는 사회적 동물입니다. 그래서 여러 사람들이 모여 사회를 이루고 살아가지요. 그러다 보면 서로 영향을 주고받을 수밖에 없어요.
인권 역시 사회에서 만들어지고 지켜져야 하는 것이기에 정치, 경제, 문화 등 사회의 여러 요소와 영향을 주고받는답니다. 경제 성장이라는 이름 아래 인권을 무시당했던 사람들도 있었고, 인권을 지키려고 독재 정권의 총칼에 용감하게 맞선 사람들도 있었어요. 이 밖에도 인권은 사회의 여러 요소와 얽혀 있을 텐데, 어떤 요소와 영향을 주고받을까요?

법만 잘 지키면 인권이 보장되나요?

"동수는 법 없이도 살 수 있는 사람이야."

혹시 이런 말을 들어 봤나요? 이 말은 동수가 매우 착하고 바른 사람이라는 뜻이에요. 세상 사람들 모두가 동수처럼 착하고 바르다면 정말 법이 없어도 될 거예요. 하지만 사람들은 저마다 욕심을 부리고, 좀 더 많은 이익을 얻으려고 서로 다투기도 하지요. 법이 없다면 힘센 사람은 자기 마음대로 약한 사람의 물건을 뺏어도 상관없고, 심지어 죽인다 해도 그들을 막을 아무런 방법이 없을지 몰라요. 이런 상황이라면 힘이 약한 사람은 비참하게 살아갈 수밖에 없어요. 아주 오랜 옛날 원시 사회에 살고 있던 사람들처럼 말이죠.

법은 강자만 살아남는 세상이 아니라 모든 사람들이 동등하게 살기 위해 만든 사회의 약속이에요. 법이 있기 때문에 아무리 힘이 센 사람이라도 함부로 다른 사람을 해치거나 다른 사람의 재산을 빼앗지 못하지요. 법에서는 이것을 범죄라고 말하고 엄격히 금지시켜요. 만약 법을 어기면 감옥에 갇히는 것과 같은 강한 처벌을 받지요.

　그렇다면 법만 잘 지키면 사람들의 인권이 보장된다고 생각할 수 있을까요? 아니면 인권을 보장하려면 좀 더 특별한 노력이 필요할까요? 이 질문에 대답하려면 우리는 법을 만드는 사람이 누구인지부터 알아야 해요.

　옛날 왕이 나라를 직접 다스리던 시절에는 왕이나 귀족이 법을 만들었어요. 그들이 만든 법은 오로지 그들만을 위한 법이었지요. 당연히 대부분의 백성과 노예는 이 법의 보호를 받지 못했어요. 그러니 이러한 법을 잘 지킨다고 인권이 보장되는 것은 아니에요.

　오늘날의 법은 어떤가요? 오늘날 법을 만드는 사람은 누굴까요? 바로 국회의원이지요. 그런데 우리나라의 경우 국회의원은 국민의 선거를 통해 뽑아요. 그리고 국회의원은 국민을 대신하는 대표자인 만큼 국민의 생각을 잘 듣고 법을 만들어야 하죠.

　이렇게 국민의 뜻을 잘 살펴 만든 법이니 이 법만 잘 지키면 인권이 보장된다고 말할 수 있을까요? 꼭 그렇지는 않아요. 법을 만드는 국회의원 가운데 국민의 뜻을 잘 살피지 않고, 자신이 원하는 대로 자신에게 이득이 되는 법을 만드는 경우도 종종 있어요. 이럴 경우에는 법을 지키는 것이 오

이런 법 잘 지키면 인권 보장?

히려 인권을 침해하는 것이기도 하죠.

또 법이 국민의 뜻에 따라 만든 것이라 해도 그것이 인권을 침해하는 법이 될 수도 있어요. 대표적인 경우가 사형 제도예요. 사형 제도는 이미 전 세계적으로 비인권적인 법이라고 비난받고 있고, 이미 많은 나라에서 폐지되었어요. 그런데 우리나라는 흉악한 살인을 저지른 사람을 법원의 결정으로 사형시킬 수 있는 법이 아직 있어요. 그리고 여전히 우리나라 국민 중에는 흉악한 범죄를 저지르는 사람은 사형시켜야 한다고 생각하는 사람

사형 제도 폐지

사람의 생명을 끊는 사형은 국가가 하는 가장 강력한 처벌이에요. 하지만 인권의 개념이 널리 퍼지고 법에 따른 질서 유지가 자리 잡으면서 아무리 중범죄자라고 해도 국가가 사람의 생명을 함부로 끊는 행위는 비인간적, 비인권적이라는 문제의식이 생겼어요. 1786년 11월 30일에 신성로마제국의 레오폴트 2세가 사형 제도를 최초로 폐지했어요. 그리고 사형 제도 폐지를 위해 만들어진 세계 기구인 세계사형반대연합은 매년 10월 10일을 '세계 사형 반대의 날'이라고 선언했지요. 이후 많은 나라들이 사형 제도를 폐지하거나 실제로 집행하지 않으면서 사형 제도가 실질적으로 폐지된 나라는 2021년 통계에 따르면 144개국에 이르렀어요. 우리나라는 1997년 이후로는 사형이 집행되지 않으면서 실질적 사형 폐지국으로 분류되고 있답니다.

들이 많아요. 이처럼 법은 사람들의 생각을 바탕으로 만들어지지만, 그 법이 반드시 인권을 보장하는 것은 아니에요.

법과 인권은 어떤 관계죠?

　법은 기본적으로 모든 사람들이 동등하게 자신의 권리를 누리기 위한 사회적 약속에서 출발했어요. 그런 의미에서 법은 인권을 보장하는 것을 기본적인 목표로 삼아야 하죠. 하지만 법을 만드는 과정이나 법의 내용에 따라 법이 인권을 침해하거나 인권 보장을 소홀히 할 수도 있어요. 이런 법은 인권의 기준으로 보면 없애거나 새로 바꾸어야 해요. 이렇게 인권은 법이 공정하고 정의로운 법인지, 모든 사람을 존중하는 법인지, 아니면 누군가의 이익만을 위해 만들어진 법인지를 판단하는 중요한 기준이에요. 법만 잘 지키면 인권이 보장되는 것이 아니라 '인권을 기준으로 잘 살펴 법을 바꾸고 새롭게 만들어야 한다'는 말이에요.

　또한 법은 인권이 지켜지는 환경을 만들기 위한 구체적인 제도와 약속이기도 해요. 예를 들어 '장애인 차별금지 및 권리구제 등에 관한 법률'(장애인차별금지법)은 장애인과 비장애인이 동등하게 존중받는 데 필요한 것이 무엇인지에 대한 사회의 약속이에요. 이렇게 인권 보장을 위한 특별한 법을 만드는 것은 우리 사회가 인권을 보장할 수 있는 구체적인 환경을 만든

다는 점에서 매우 중요한 일이지요.

그래서 법과 인권은 떼려야 뗄 수 없는 관계예요. 법이 올바르게 만들어졌는가에 대한 가장 중요한 기준이 바로 인권이지요. 그리고 인권을 보장하기 위한 구체적인 제도로 법은 반드시 필요해요.

콕, 짚고 넘어가요!

장애인차별금지법

장애인차별금지법은 장애인이 모든 생활 속에서 장애를 가졌다는 이유만으로 당하는 차별을 막고, 비장애인과 함께 사회에서 동등하게 살아갈 수 있도록 법으로 장애인의 인권을 보장하기 위해 만들어졌어요. 여기에서 차별이란 정당한 이유가 아니라 단지 장애가 있다는 이유만으로 장애인을 비장애인과 다르게 대우하는 것이에요. 예를 들어 직업을 가질 기회가 줄어드는 것, 장애를 이유로 버스나 지하철, 기차나 비행기의 시설을 제대로 이용하지 못하는 것, 식당이나 상점 등에 장애인의 출입을 막는 것 등을 포함하죠.

민주주의 국가에서 인권은 어떤 역할을 하나요?

우리나라의 가장 중심이 되는 헌법 제1조 1항은 다음과 같습니다.

대한민국은 민주 공화국이다.

우리나라 헌법에서 가장 먼저 알리는 것은 바로 우리나라가 민주주의 국가라는 사실이에요. 그렇다면 민주주의 국가는 어떤 국가를 말할까요? 우리나라 헌법 제1조 2항을 보면 좀 더 자세히 알 수 있어요.

> 대한민국의 주권은 국민에게 있고, 모든 권력은 국민으로부터 나온다.

이 말은 국가의 모든 권력은 국민에게 있고, 국가가 행사하는 모든 힘은 결국 국민에게 빌려 온 것이라는 뜻이에요. 그렇다면 국가는 국민에게 빌려 온 힘으로 무엇을 해야 할까요? 당연히 국민의 행복과 국민의 권리를 보장하고 지키는 일을 해야 하죠. 결국 민주주의 국가는 국민의 인권을 보장하고 보호하기 위해 존재한다고 말할 수 있어요.

만약 국가가 국민의 권리를 보장하지 않고 힘을 가진 소수의 사람을 위해 움직이면 어떻게 될까요? 또 국민이 기본적으로 누려야 할 권리를 보장받지 못하고, 심하면 국가가 국민을 감시하고 국민의 생명을 위협하는 일도 서슴지 않고 벌인다면 어떻게 될까요? 그러한 국가는 민주주의 국가라고 말할 수 없어요.

우리나라에서도 이런 일이 발생했었어요. 대한민국의 초대 대통령 이승만은 부정한 선거로 대통령 자리를 계속 유지하려고 했고, 1961년과 1979년에 각각 군사 반란을 일으켜 대통령이 된 군인도 있었어요. 이들은 민주주의를 외치는 사람들을 잡아 가두고 죽이는 끔찍한 일을 저지르기도 했지요. 이들이 통치하던 우리나라는 겉으로는 민주주의 국가라고 말했지만 실제로는 민주주의 국가가 아니었어요. 기본적인 국민의 행복과 권리를 무시한 채 자신들의 권력을 위해 국민의 인권을 묵살한 국가를 민주주의 국가라고 할 수 없기 때문이지요.

인권을 보장하지 않는 나라는 국가가 아니라고요?

　오늘날 전 세계 대부분의 나라에서 민주주의는 가장 중요한 국가의 기본 원리예요. 그래서 대부분의 나라는 자기 나라를 민주주의 국가라고 말해요. 심지어 독재자들도 저마다 자신이 통치하는 나라를 민주주의 국가라고 거짓 선전도 해요. 이렇게 모든 나라에서 민주주의를 내세우는 이유는 민주주의를 지키는 국가가 아니라면 현대 사회에서 국가라고 할 수 없기 때문이지요.

　한 나라가 민주주의 국가인지 아닌지를 구별하는 가장 중요한 기준 중 하나가 바로 그 나라가 국민의 인권을 보장하고 있는지 그렇지 않은지를 살펴보는 거예요. 만약 국민의 인권이 제대로 보장되지 않는 국가라면 그 국가는 올바른 국가라고 말할 수 없어요. 그리고 이런 국가를 바로잡기 위해 국민들이 국가를 상대로 인권 보장을 요구하는 것은 너무나도 당연한 일이지요. 우리나라에서 있었던 4·19혁명이나 5·18광주민주화운동, 6월 민주항쟁 그리고 최근에 있었던 촛불 집회를 통해 독재자를 물러나게 한 것은 국민 스스로가 국가의 주인이며 자신들의 권리인 인권을 지키려고 한 정당한 요구였어요.

촛불 집회_연합뉴스 제공

오늘날 민주주의 국가에서 인권은 기본 원칙이자 하나의 기준이에요. 그래서 국가는 국민들이 인권을 침해당하는 일이 없는지 잘 살피고, 국민의 행복과 권리를 보장하기 위한 일을 게을리하지 않아야 해요. 이것은 국가가 해야 할 가장 중요한 일이고 국가가 존재하는 이유이기 때문이지요.

이렇게 오늘날 인권은 우리가 살고 있는 국가가 제대로 된 국가인지 아닌지를 판단하는 기준이 되고 있어요. 모든 사람이 당연히 누려야 할 권리인 인권조차 국가에 의해 침해되고 있다면 그 국가는 더 이상 국가가 아니기 때문이지요.

콕, 짚고 넘어가요!

5·18광주민주화운동과 6월민주항쟁

1979년에 박정희 대통령이 암살되면서 전두환과 노태우를 비롯한 몇몇 군인들이 다시 한 번 군사 반란을 일으켜 정권을 잡았어요. 이에 반대하며 민주화를 요구하는 시위가 전국에서 일어났는데, 특히 광주에서 가장 크게 일어났지요. 이를 5·18광주민주화운동이라고 해요. 군인들은 광주에 군대를 보내 시민에게 총까지 쏘는 등 많은 사람들을 죽거나 다치게 했어요.

광주에서 수많은 시민이 끔찍하게 희생되었지만 시간이 지나면서 사람들은 다시 민주화를 요구했어요. 1987년에 전두환 대통령이 이런 민주화 요구를 거부하자 전국적으로 반독재 민주화 시위가 일어났고, 결국 국민 투표를 거쳐 정부는 대통령 직선제를 포함하는 민주적인 헌법을 만들었어요. 1987년 6월에 있었던 이 항쟁을 6월민주항쟁이라고 합니다.

인권과 경제

경제 성장을 위해 인권은 양보해도 될까요?

우리나라 속담에 '곳간에서 인심 난다'는 말이 있어요. 곳간은 가을에 추수한 곡식을 모아 놓는 창고를 말해요. 이 말은 곳간에 곡식이 많아 먹을거리가 넉넉해야 다른 사람을 생각하는 인심도 생긴다는 말이지요. 이 말과 비슷한 말로 '목구멍이 포도청', '금강산도 식후경'이라는 속담이 있어요. 그만큼 먹고사는 문제가 중요하다는 말이지요.

그렇다면 이런 먹고사는 문제와 인권 가운데 무엇이 더 중요할까요? 예전 우리나라가 가난하고 못살던 시절에는 인권 보장보다 경제를 살려야 한다는 목소리가 컸어요. 경제 성장을 위해 인권은 좀 양보해도 된다는 뜻이지요. 그런데 경제 성장을 위해 정말 인권을 양보해도 될까요? 아니면 인권을 경제 성장보다 우선시해야 할까요?

　경제 성장은 한 나라의 경제 규모가 커지는 것을 말해요. 다른 나라에 수출을 많이 하고 그에 따라 돈을 많이 벌면 당연히 경제가 성장하지요. 예전에 우리나라는 정말 가난한 나라였어요. 6·25전쟁 이후 폐허가 된 나라에서 지금의 제법 잘사는 나라가 되기까지는 눈부신 경제 성장이 큰 역할을 했어요. 국가의 형편이 나아짐에 따라 사람들의 생활도 더 좋아졌지요. 그런데 이런 경제 성장에는 많은 사람들의 희생이 필요했어요. 노동자들이 매우 적은 임금을 받으면서 하루에 12시간 넘도록 일하는 것은 당연하게 여겨졌고, 나이 어린 학생들이 학교에 못 가고 공장에서 일해야 했어요. 일하다가 병에 걸려도 치료받기는커녕 공장에서 쫓겨나는 경우가 대부분이었지요. 우리나라의 경제 성장은 이렇게 많은 사람들의 희생 속에서 가능했어요.

　어떤 사람들은 "경제가 성장하고 생활이 좋아졌으니 지금에 와서 인권을 이야기라도 할 수 있게 된 게 아니냐?" 또는 "경제 성장을 위해 인권을 미룬 것은 어쩔 수 없는 것 아니냐?"라고 되묻기도 해요. 이들의 주장은 과연 올바른 주장일까요? 경제가 어려웠던 시절에 모든 사람들이 어렵고 힘들게 살았다면 이것은 어느 정도 맞는 말일 수도 있어요. 하지만 이 당시에도 공장의 사장이나 대기업 간부는 대부분의 노동자와 달리 많은 재산을 모으며 살았어요. 가난하고 힘없는 수많은 노동자들이 공장에서 힘들게 일해 만들어 낸 돈은 대부분 가진 이들의 주머니에 들어갔고, 노동자에게는 일한 만큼 충분한 임금을 주지 않았기 때문이지요.

회사가 커지고 대기업이 늘어나고 경제 규모가 커지면서 눈에 띄는 경제 성장은 일어났지만, 그에 따라 좋아져야 할 노동자의 삶은 그리 달라지지는 않았어요. 심지어 국가는 대기업과 공장주의 편을 들었어요. 그들이 법으로 정해 놓은 노동 시간과 휴식 시간과 임금에 대한 기본적인 약속을 지키지 않아도 말이에요. 상황이 이러니 공장주와 대기업은 점점 재산을 늘려 갔지만, 노동자는 인간다운 삶을 보장받지 못했지요. 당시의 정부는 경제 성장이 중요하다며 노동자의 목소리를 아예 들으려 하지도 않았고요.

그 시절 국가는 경제만 살리면 국민이 바라는 기본적 인권 요구는 들어주지 않아도 된다고 생각했어요. 당시 신문과 방송에서도 "수출 1억 달러 달성" 같은 경제 성장 기사는 많았지만, 국민들이 인권을 침해당한 수많은 사건은 무시당하기 일쑤였어요.

경제가 성장해도 인권 문제는 여전하다고요?

오늘날 우리나라의 경제는 선진국 수준으로 성장했지만, 인권 문제는 여전히 남아 있어요. 아직도 인권보다 경제 성장이 더 중요하다는 목소리도 들리고요. 정말 경제 성장을 위해 인권은 양보해도 되는 것일까요? 경제 성장이 인권을 기반으로 하지 않으면, 충분한 노동을 해도 그에 따른 임금을 받지 못하는 사람이 생겨나고 대기업만 돈을 버는 상황은 계속돼요. 그럼 가난한 사람은 주욱 가난하고 부자인 사람만 더욱 부자가 되는 상황이 벌어질 거예요.

문제는 이것이 경제 성장에도 걸림돌이 된다는 점이에요. 가난한 사람이 더 이상 상품을 구입할 수 없으면, 물건을 만드는 회사들도 결국 어려움에 처하게 돼요. 그리고 회사에서는 어려움을 해결하려고 일하는 사람을 그만두게 하거나 임금을 적게 주려 할 거예요. 그러면 가난한 사람은 점점 더 늘어나게 되고, 상품을 살 수 있는 사람은 더욱더 줄어들게 돼요. 결과적으로 경제 성장은 더 이상 일어나지 않을 수 있어요. 오히려 인권을 기준으로 일한 만큼 정당한 임금을 받고 충분한 휴식이 주어진다면, 사람들이 물건을 살 수 있는 여유가 생기지 않을까요? 이게 반복되다 보면 경제 성장은 조금 느릴지라도 지속적으로 가능해질 수 있지요.

경제 성장이 먼저이니 국민의 자유와 인권은 나중에 생각해도 된다는 주장도 잘못된 말이에요. 지금까지 나온 연구 결과를 보면 국민의 자유와 인권을 제한한다고 경제 성장이 일어나는 것은 아니라고 해요. 1989년에 경제학자인 아마르티아 센과 진 드레즈는 정부 정책이 인권적이고 언론이 자유로운 나라에서는 경제 문제가 생기지 않는다는 연구를 발표했어요.

이렇게 인권은 그 무엇보다 우선시되어야 해요. 사람이 사람답게 살기 위해 필요한 기본적인 권리가 보장되지 않은 경제 성장은 진정한 의미의 경제 성장이 아니기 때문이지요.

우선순위가 없는 인권

더 중요한 인권과 덜 중요한 인권이 있나요?

인권에는 여러 가지 권리가 포함되어 있습니다. 그런데 이러한 인권 가운데 무엇이 먼저 보장되어야 할까요? 혹시 더 중요하고 덜 중요한 인권이 있다면 그것은 무엇일까요?

"동수야, 그만 놀고 공부 좀 하렴. 대학 가서 충분히 놀 수 있으니까 지금은 공부해, 공부!"

동수 어머니처럼 여러분 부모님도 이런 말을 하실 때가 있을 거예요. 우리는 공부와 노는 것 중 무엇을 먼저 해야 할까요?

유엔아동권리협약 제28조를 보면 어린이들은 교육받을 권리가 있어요. 그런데 같은 유엔아동권리협약의 제31조를 보면 어린이들은 충분한 휴식을 취하고 여가와 문화생활을 누릴 권리도 있다네요. 이런 권리가 있다니, 신기하지요? 그렇다면 교육받을 권리와 휴식할 권리 가운데 어떤 권리가 더 중요한 권리일까요? 이 중에 먼저 보장되어야 할 권리가 있을까요?

여러분 중에는 놀 권리나 쉴 권리가 더 중요하고 먼저 보장받아야 한다고 생각하는 친구도 있겠지요? 하지만 그렇지는 않아요. 그렇다면 그 반대냐고요? 그것도 아니에요. 교육받을 권리와 휴식할 권리는 무엇이 더 먼저냐를 이야기할 수 없을 정도로 둘 다 중요한 권리예요. 사실 두 권리는 서로 충돌하는 권리가 아니라 서로 도움을 주고받는 권리지요.

교육받을 권리는 내가 배우고 싶어도 배울 수 없는 상황에 필요한 권리예요. 가정 형편 때문에 또는 비싼 교육비 때문에 공부하고 싶어도 공부할 수 없다면 그것은 심각한 문제예요. 교육받을 권리는 이러한 문제를 해결하기 위한 권리지요.

반면 휴식할 권리는 하루 12시간 이상 강제로 일해야 하는 노동자나 너무나 과도한 공부를 강제로 하고 있는 어린이들에게 기본적인 휴식과 문화생활을 보장해 주는 권리예요. 그러니까 어린이들의 인권에서는 교육과 놀이 중 어느 하나가 더 중요한 것이 아니라 적절한 교육과 충분한 휴식이 모두 필요하다는 말이죠.

잠시 미루어도 되는 인권도 있나요?

반복해 말하지만 인권은 인간이 사람답게 살기 위해 누려야 할 권리예요. 이 말은 인권의 어느 한 권리라도 제대로 누리지 못한다면 사람답게 살고 있지 않다는 뜻이지요. 그러므로 인권 가운데 다른 인권을 보장받기 위해 잠시 미루어도 되는 권리는 없어요. 만약 국가에서 먹을거리와 살 집을 주는 대가로 국민에게서 자유를 빼앗는다면, 우리는 당연히 자유를 찾기 위해 싸워야 해요. 생명을 유지하기 위한 기본적인 보호를 받지 못하는 것만큼 자유를 빼앗기는 것도 심각한 인권 침해이기 때문이지요. 그러므로 인권의 어느 한 권리만 보장받고 다른 권리는 보장받지 않아도 되거나 나중으로 미루어도 되는 권리는 없어요. 인권의 여러 항목은 모두 다 사람답게 살기 위해 꼭 필요한 필수 조건이에요. 이러한 인권의 특징을 '인권의 상호불가분성'이라고 해요.

아무리 그래도 인권 중 서로 충돌하는 경우가 있지 않느냐고 묻는 친구도 있을 거예요. 수업 시간에 시끄럽게 떠들거나 수업을 방해하는 학생을 체벌해야 한다고 주장하는 사람이 있다고 해 봅시다. 이 사람은 수업을 방해하는 학생의 인권을 보장한다고 아무런 처벌도 하지 않는다면, 그것은 공부하고 싶어 하는 다른 사람의 교육받을 권리를 침해하는 것이라고 주장해요. 그렇기 때문에 체벌로 떠드는 학생의 인권을 침해하는 것은 어쩔 수 없는 일이라고 말하지요.

이것은 인권의 개념을 제대로 알지 못하는 사람의 주장이에요. 수업을 방해하는 학생이 다른 학생들의 수업 들을 권리를 방해하는 것은 사실이지요. 하지만 그것을 막기 위해 체벌이라는 폭력적인 방법을 반드시 쓸 필요는 없어요. 아무리 수업을 방해하는 학생이라도 체벌이 아니라 인간으로서 존중받으면서 행동을 그만두게 할 수 있는 방법을 찾는 게 더 먼저니까요.

모든 사람들이 누구나 모든 권리를 보장받으려면 많은 노력이 필요해요. 그래서 사람들은 모든 사람이 인권을 보장받을 수 있도록 다양한 방법을 고민하고 법과 제도를 만들어 왔어요. 이렇게 사람들이 노력하는 이유는 인권이 특정한 누군가가 아닌 우리 모두가 누릴 권리이며 '먼저'와 '나중'을 이야기할 것이 아니라 모든 부분에서 당연히 보장받아야 할 권리이기 때문이에요.

인권에는 의무나 책임이 없나요?

"인권도 중요하지만, 해야 할 의무를 먼저 지켜야 하는 것 아닌가요?"
인권에 대해 이야기하면 많은 사람들이 이렇게 말합니다. 인권이 권리라면 당연히 의무도 있어야 하는 것 아닌가 하는 말이죠. 여기서 의무란 '마땅히 해야 할 일'을 말해요. 권리를 주장하려면 그에 따르는 의무도 충실

히 해야 한다는 말이 틀린 말은 아니에요. 어떤 권리를 누리려면 그에 따르는 반드시 해야 할 일을 성실히 해야 하는 것은 당연하지요. 그렇다면 인권도 의무를 다하지 않으면 누릴 수 없는 권리일까요?

인권은 사람이라면 누구나 누려야 할 권리입니다. 그렇기 때문에 다른 의무가 필요하지 않아요. "공부를 못하면서 인권을 이야기해?", "일도 못하면서 인권을 이야기해?", "그렇게 큰 죄를 저질렀으면서도 인권을 이야기해?"라고 많은 사람들이 말하곤 해요. 하지만 이것은 올바른 표현이 아니에요. 공부를 못해도 인권을 보장받아야 하고, 일을 못하더라도 인권을 보장받아야 해요. 하물며 흉악한 범죄를 저지른 사람이라 해도 그 사람의 인권을 침해해서는 안 돼요. 왜냐고요? 인권은 인간이라는 이유만으로 무조건 보장받아야 하는 권리이기 때문이지요.

그런데 인권이 '사람이라면 누구나 마땅히 누려야 할 권리'라고 해서 지켜야 할 약속이 전혀 없다는 말은 아니에요.

"내가 밤중에 큰 소리로 노래 부르는 것은 내 자유야."

"교실에서 친구를 괴롭히고 놀리는 것도 내 인권이야."

"수업 시간에 공부 안 하고 장난치는 것도 내 인권이야."

인권에 대해 공부하고 하나씩 알아 가면서 종종 이렇게 말하는 친구를 볼 수 있어요. 인권이 마치 무엇이든 자기 마음대로 해도 되는 것을 말한다고 믿는 것이지요. 그런데 정말 내 마음대로 하는 것이 인권일까요?

다른 사람에게 피해를 주는 인권은 인권이 아니라고요?

다른 사람을 괴롭히거나 잘못된 행동을 마음대로 할 수 있는 권리는 그 누구에게도 없어요. 그것은 인권을 주장하는 일이 아니라 오히려 인권을 침해하는 일이지요. 인권은 무엇이든 자기 마음대로 하는 권리가 아닐뿐더러 다른 사람의 인권을 침해하는 인권이란 이 세상에 존재하지 않아요.

자, 세계인권선언 제30조를 볼까요?

> 제30조
> 이 선언에 나와 있는 어떤 내용도 다음과 같이 해석해서는 안 된다. 즉, 어떤 국가, 집단 또는 개인이 이 선언에 나와 있는 그 어떤 권리와 자유라도 파괴하기 위한 활동에 가담할 권리가 있다고 암시하거나, 그러한 행동을 할 권리가 있다는 식으로 해석해서는 절대로 안 된다.

무슨 뜻인지 잘 모르겠다고요? 이 조항을 쉽게 설명하자면, 선언에 나와 있는 권리와 자유 중에 다른 사람의 인권을 침해할 수 있는 인권은 없다는 뜻이에요. 이 말처럼 내가 사람답게 살 권리를 마음껏 누리기 위해 다른 사람의 인권을 침해할 수는 없어요. 그러므로 내가 노래를 마음껏 부를 수 있는 자유는 있지만, 다른 사람이 충분히 휴식을 취하고 잠을 자야 하는 밤중에 노래를 부르는 것은 자유도 아니고 인권도 아니에요. 교실에서 즐겁게 노는 것은 자유지만, 친구를 괴롭히고 놀리며 즐거워하는 것은 인권이 아니고 오히려 친구의 인권을 무시하는 행위지요. 수업 시간에 공부하지 않고 장난을 치며 다른 사람의 공부를 방해하는 행위도 인권을 누리는 것이 아니라 친구들에게 피해를 끼치는 행위일 뿐이에요.

당연히 인권을 침해하는 사람이라고 그 사람의 인권을 침해해도 된다는 말은 아니에요. 우리가 다른 사람의 인권을 침해하지 않아야 하는 까닭은 다른 사람의 인권을 침해하면 내 인권을 누리지 못하기 때문이 아니에요. 나를 포함한 모든 인간이 사람답게 존중받아야 한다는 가장 소중한 가치를 지키는 것이야말로 모든 사람이 함께 지켜야 할 약속이기 때문이지요.

자신의 인권을 보장받는 것도 중요하지만, 그에 따른 자신의 책임을 충실히 하려고 노력하는 것도 중요해요. 바로 내 인권을 보장받는 만큼 다른 사람의 인권에도 관심을 갖고 서로의 인권을 침해하지 않도록 노력해야 한다는 말이지요.

인권일까, 아닐까, 어떻게 알죠?

"이건 인권 침해야!"

간혹 흥분해서 이런 말을 하는 친구를 보았을 거예요. 이런 말을 많이 한다는 것은 인권을 고민하고 자신의 권리를 주장하려고 목소리를 높인다는 면에서 매우 바람직한 일이에요. 특히 여러분이 겪는 일 가운데 불편하고 화가 나는 일 중에는 인권과 관련된 일이 많기 때문이지요. 그래서 그것을 해결하려고 노력하는 것은 인권을 위해 꼭 필요한 일일 수 있어요.

그러나 내가 불편하거나 불만이 있다고 해서 모두 인권과 상관있는 일은 아니에요. 인권과 관련된 일인지 아닌지를 판단하는 것은 그리 쉬운 일도 아니고요. 그래서 사람들이 가끔씩 인권과 상관없는 일에도 인권을 침해당했다고 외치는 경우를 볼 수 있어요. 또 불편하고 화가 나는 일을 겪었어도 이것을 인권의 문제로 생각하지 않고 그냥 넘어가는 경우도 많지요.

왜 이런 일이 생길까요? 첫 번째 이유는 우리가 인권에 대해 잘 알지 못하기 때문이에요. 그리고 두 번째 이유는 세상에서 일어나는 여러 가지 일이 인권의 문제인지 아닌지 구분하는 기준을 잘 모르기 때문이고요. 그래서 인권의 문제를 잘 알려면 우리 스스로 항상 꼼꼼히 살피는 노력이 필요해요.

인권의 문제인지 아닌지를 판단하는 기준에는 무엇이 있나요?

인권의 문제인지 아닌지를 판단하는 기준은 다음과 같아요.

첫 번째로 '기본적인 권리가 보장되고 있는가?'를 알아보는 거예요. 세계인권선언이나 국제인권협약 같은 여러 인권 문서에 나오는 기본적인 인권과 관련이 있는 문제라면, 이것은 인권의 문제라고 할 수 있어요. 예를 들어 주변의 사람들이 노예처럼 일하는 것을 보았다면 이는 명백한 인권 문제라고 할 수 있어요. 세계인권선언 제4조에도 "어느 누구도 노예가 되거나 타인에게 예속된 상태에 놓여서는 안 된다."라고 쓰여 있어요.

혹시 "저는 아직 기본적인 인권에 뭐가 있는지 잘 모르는데요." 하면서 걱정하는 친구 있나요? 일단 안심해도 돼요. 기본적인 인권에 어떤 것이 있는지는 앞으로 하나하나 알아 갈 테니까요. 그런데 이렇게 기본적이고 명백한 인권의 문제 말고도 생활하면서 판단하기 어려운 인권 문제도 있어요. 다음의 사례를 보면서 이것이 인권의 문제인지 아닌지 한번 생각해 볼까요?

1. 나와 언니가 똑같이 세배를 했어도 언니와 내 세뱃돈에 차이가 난다면 이것은 인권의 문제일까요?
2. 학교 급식에서 모두가 음식물을 가리지 않고 먹어야 한다는 규칙이 있어서 내가 못 먹는 음식이 나왔는데도 억지로 먹어야 한다면 이것은 인권의 문제일까요?
3. 집에서 부모님이 내 의견과 상관없이 내가 다닐 학원을 마음대로 정하시는 것은 인권의 문제일까요?

이렇게 생활 속에서 일어나는 일이 인권의 문제인지 확인하려면 다음에 소개하는 기준부터 잘 살펴보는 것이 중요해요.

인권의 문제인지 아닌지를 판단하는 두 번째 기준은 '다름을 존중받는가?'예요. 앞의 예처럼 학교 급식에서 나오는 음식물을 무조건 다 먹어야 한다는 규칙이 있다면, 이것은 인권의 문제일 수 있어요. 특정한 음식에 알레르기 반응이 있거나 거부감이 드는 음식을 강제로 먹어야 한다면 그것은 다름을 존중받지 못한 것이지요.

　인권의 문제인지 아닌지를 판단하는 세 번째 기준은 '권한이나 책임이 동등한가?'예요. 공부를 잘하는 아이와 공부를 못하는 아이가 같은 잘못을 저질렀는데도 공부를 잘한 사람만 가벼운 벌을 준다면, 이것은 인권의 문제일 수 있어요. 지금은 언니와 내가 세뱃돈을 다르게 받아도 내가 언니 나이가 되었을 때 언니와 똑같은 액수의 세뱃돈을 받는다면 차별의 문제나 인권의 문제라고 말하기는 어려워요. 하지만 언니가 나이가 많다는 이유로 언니의 실수는 넘어가고 내 실수는 용서하지 않는다면, 그것은 인권의 문제로 생각할 수 있지요.

　인권의 문제인지 아닌지를 판단하는 네 번째 기준은 '참여가 보장되는가?'예요. 내게 영향을 주는 일을 결정할 때 내 생각과 의견을 충분히 듣고 결정하는 것이 아니라 어른들이 마음대로 정한다면, 이것은 인권의 문제일 수 있어요. 앞의 예처럼 내가 다닐 학원을 내 의견도 듣지 않고 부모님이 마음대로 정한다면, 이것 역시 인권의 문제라고 할 수 있지요.

　인권의 문제인지 아닌지를 판단하는 다섯 번째 기준은 '정보를 충분히 받을 수 있는가?'예요. 사람들이 자신에 대한 문제를 결정하려면, 먼저 그것에 대한 충분한 정보가 있어야 올바른 판단을 내릴 수 있어요. 그런데 만약 "너는 어리니까 몰라도 돼." 하고 무조건 어른들이 판단하거나 제대로 정보를 주지 않고 무조건 결정한다면, 그것은 인권의 문제일 수 있어요.

이러한 다섯 개의 기준을 잘 살펴보면 사람들이 겪는 불편하고 불만스러운 상황 중에 인권의 문제인 것을 발견할 수 있어요. 이렇게 인권의 문제인지 아닌지를 발견할 수 있게 되면, 우리가 사람들 사이에서 일어나는 문제에 대해 좀 더 인권적인 눈으로 바라볼 수 있는 힘을 기를 수 있어요. 그리고 이를 해결하기 위해 스스로 노력할 수도 있지요.

다른 사람의 인권은 나랑 어떤 관련이 있나요?

나와 관련한 인권 문제에 관심을 두고 그것을 해결하려 노력하는 것은 매우 중요해요. 그런데 나와 상관없는 인권 문제까지 관심을 두어야 할 필요가 있을까요? 또 우리나라에서 일어나는 인권 문제는 중요하게 생각할 수 있지만, 멀리 떨어져 있는 나라의 인권 문제까지 함께 생각해야 할까요? 다음 사례를 살펴보면서 함께 생각해 봐요.

여러분 주변에 있는 공원에 가 보면 여러 사람이 함께 앉는 벤치를 쉽게 찾아볼 수 있어요. 그런데 처음 벤치가 만들어졌을 때는 그냥 보통 긴 의자 모양이었는데, 최근 들어 많은 공원에서 이 벤치에 팔걸이를 설치해 놓은 곳이 많아졌어요. 그 이유는 무엇일까요? 바로 공원에서 노숙인이 벤치위에 누워 잠을 자는 것을 막기 위해서예요. 노숙인이 벤치에서 잠을 자게 되면 다른 사람들이 불편하다고요? 그렇다면 노숙인은 어디에서 잠을 자야 할까요?

우리나라에서는 공원 벤치에 팔걸이가 설치된 것에 대해 대부분의 사람들이 찬성하고 있지만, 영국 사람들의 생각은 달랐어요. 2018년 영국의 본머스 시에 있는 모든 공원 벤치에는 한가운데에 철제로 된 팔걸이가 설치되었어요. 우리나라 공원 벤치와 마찬가지로 노숙인이 벤치에 누워 잠을 자는 것을 막기 위해서였지요. 그러자 수많은 영국 사람들이 벤치에 설치한 철제 팔걸이를 없애 달라고 요구했어요. 더 나아가 사람들은 공원 벤치에 노숙인이 편안하게 잠을 잘 수 있도록 이불과 베개 그리고 예쁜 풍선 장식까지 만들었지요. 수많은 사람들의 요구에 결국 본머스 시의회는 공원 벤치의 철제 팔걸이를 제거하기로 결정했어요.

영국 사람들은 왜 자신과 상관없어 보이는 노숙인의 인권 문제에 이렇게 큰 관심을 보였을까요? 노숙인의 사정을 잘 이해하면 그 이유를 쉽게 알 수 있어요.

노숙인이란 갑작스럽게 직장을 잃거나 가난해져서 거리에서 살 수밖에 없는 사람들을 말해요. 노숙인은 길거리에서 살기 전에는 누군가의 아빠, 엄마나 가족이었어요. 그리고 그들은 자신이 노숙인이 되리라고는 아무도 예상하지 못했지요. 영국의 노숙인뿐만 아니라 우리나라의 노숙인도 마찬가지예요. 경제가 어려워지고 많은 회사가 문을 닫게 되면서 우리나라에도 갑자기 집을 잃고 거리에서 살 수밖에 없는 노숙인이 많이 늘어났어요. 만약 우리나라의 경제가 더더욱 어려워진다면 지금은 아무 걱정 없이 직장을 다니는 사람도 노숙인이 되어 거리에서 살아가야 할 수도 있어요. 영국 사람들이 노숙인의 인권에 대해 목소리를 높이게 된 것은 "우리도 노숙인이 되어 거리에 나가게 될 수 있다. 노숙인의 인권이 보장되고 그들이 직장과 집을 구할 수 있는 나라여야 나도 걱정 없이 살 수 있다."라고 생각하기 때문이지요.

한 사회가 다른 사람의 인권을 보장하지 않는 것을 외면하면 어떻게 될까요? 그 사회가 내 인권을 보장하지 않아도 내 편이 되어 함께 소리를 높여 줄 사람이 아무도 없을지 몰라요. 그리고 모든 사람의 인권이 충분히 보장되는 사회야말로 내가 행복할 수 있는 사회지요.

지하철역의 엘리베이터는 처음에는 장애인의 이동을 위해 만들어졌지만, 이제는 장애인뿐만 아니라 다리가 아프거나 거동이 힘든 모든 사람들이 두루 이용할 수 있게 된 것을 봐도 잘 알 수 있어요. 나만 편하고 잘살면 그만이고 다른 사람의 인권은 관심 없다고 생각하는 대신에 우리 주변에서 일어나는 다른 사람의 인권 침해 문제를 함께 해결해 나가려고 노력할 때 우리가 사는 세상은 좀 더 행복한 세상이 될 수 있어요.

다른 나라의 인권 문제에도 관심을 가져야 하는 이유는 무엇인가요?

다른 나라의 인권 문제에 관심을 가져야 하는 이유도 마찬가지예요. 다른 나라에서 일어나는 인권 침해에 대해 세계의 모든 사람들이 관심을 갖고 해결하려고 노력하는 것은 전 세계의 인권 수준을 높이는 일이지요. 또한 내가 살고 있는 세상을 더욱 인권적으로 바꾸어 나가는 일이기도 하고요. 사실 환경이나 전쟁 같은 문제는 한 나라를 뛰어넘는 전 세계인의 공통 문제예요. 다른 나라 일이니 나와는 상관없다고 생각한다면 언젠가 나에게 더 크게 다가올 문제들이지요. 이렇게 모든 인류가 함께 고민하고 해결해야 할 인권 문제들을 인식하고 고민하고 관심을 보인다면 하루빨리 문제를 해결할 수 있답니다.

오늘날 인권 운동을 하는 장애인은 단지 자신들의 인권 문제에만 관심을 기울이지 않아요. 장애인과 마찬가지로 차별받는 다른 사회적 약자의 문제에도 관심을 가지고 함께 해결하고자 하지요. 나만의 인권이 아니라 함께 살아가는 우리 모두의 인권이기 때문이에요.

연대*권이 요즈음 들어 더욱 중요하게 이야기되는 것도 이러한 이유 때문이에요. 전쟁이나 배고픔 때문에 자신의 나라에서 탈출하게 된

연대
특정한 가치를 실현하기 위해 여러 사람이 뜻을 함께하고 어떤 일을 함께하거나 공동으로 책임을 진다는 뜻이에요.

난민의 인권 문제나 심각한 자연재해로 피해를 입은 나라에 대해 국제 사회에서 관심을 보이는 것도 인권이 단지 한 나라의 문제가 아니라 전 세계 모든 사람들이 함께 힘써야 할 문제라는 생각이 더더욱 힘을 얻었기 때문이지요.

주변의 인권 문제에 관심을 갖고 다른 나라의 인권 문제를 해결하려고 노력하는 사람이 많아질수록 더욱 인권이 존중받는 세상이 되지 않을까요? 그래야만 내 인권이 침해당했을 때도 내게 도움을 주고 관심을 갖는 사람들이 나와 함께할 수 있겠지요. 지구촌이라고 부를 만큼 가까워진 세계에서 인권은 더 이상 한 사람 한 국가만의 문제가 아니에요. 지구촌 사람들의 인권 문제를 해결하려고 전 세계 사람들이 손을 맞잡을수록 세상의 인권 문제는 더 빨리, 더 쉽게 해결될 거예요.

우리 주변의 인권 침해 사례를 찾아봐요

우리 주변에서 흔히 일어나는 인권 침해 사례를 잘 살펴봐요. 우리가 별생각 없이 쓰는 말이나 행동이 인권을 침해하는 경우가 참 많답니다.

실천 하나 우리가 흔히 하는 말 중에서 인권을 침해하는 말을 살펴보세요. 욕설이나 놀리는 말 중에는 장애인이나 남성 혹은 여성을 비하하는 말이 많아요.

실천 둘 주변 공공시설이 모든 사람들이 사용할 수 있는 시설인지 살펴봐요. 외국인이나 시각 장애인 등 다양한 차이를 가진 사람이 자유롭게 사용 가능한지 찾아보세요.

실천 셋 어리다는 이유로 문구점이나 가게 등에서 차별받고 있는지도 살펴보세요. 다른 어른 손님과 동등하게 존중받지 못하고 있다면 이것도 인권 침해 사례일 수 있어요.

"남자애가 왜 울어? 여자애가 얌전해야지!"라고 쉽게 쓰는 말들도 차별이에요. 장애인을 위한 시설이 마련되어 있지 않은 것도 차별이에요. 극장이나 공원에 시각 장애인을 위한 점자 안내판이 몇 개나 있는지 살펴보세요. 경사로나 엘리베이터가 설치되어 있지 않은 건물이 있는지도 찾아보세요. 한국어를 읽지 못하는 사람들을 위해 그림으로 쉽게 설명되어 있는 안내판도 찾아보세요. 어린이 손님이라고 함부로 반말을 하거나 오래 기다리게 하는 것도 차별이에요. 식당이나 문구점에서 이런 일들이 있는지 조사해 보세요.

제3장

사람을 자유롭게 하는 인권

사람답게 살기 위한 권리, 인권에서 제일 먼저 말하는 것은 무엇일까요? 바로 '자유를 누리기 위한 권리'입니다. 사람이라면 누구나 가장 먼저 피부로 느낄 수 있는 권리이기 때문이에요. 누구의 간섭도 받지 않고 자유롭게 생각하고 말할 수 있어야 편견과 차별 같은 불합리한 것과 맞서 싸우고 자신을 지켜 낼 수 있어요. 즉 인권을 지키기 위해 가장 필요한 것이 바로 자유롭게 생각하고 말할 권리라는 뜻이죠.

이건 차별이에요!

"차별하지 마!"
"왜 나만 차별해?"

주변 사람이나 친구에게 누구나 한 번쯤 이런 말을 해 보았을 거예요. 차별당한 경험을 떠올리면 누구나 인상이 찌푸려지게 마련이죠. 이렇게 차별이 안 좋다는 것을 모르는 사람은 아무도 없어요. 그런데 차별이 무엇인지 정확히 아는 사람은 별로 없답니다.

차별은 간단히 말해 '평등하지 않게 사람을 대우하는 것'을 말해요. 좀 더 자세히 들어가면 차별은 모든 사람이 누려야 할 권리나 자유를 공평하게 누리지 못하는 것에서 시작하죠. 만약 학교에서 쪽지 시험을 잘 본 사람에게만 점심시간에 맛있는 반찬을 더 준다고 해 봐요. 여러분은 바로 화가 나 "이건 차별이에요!" 하고 외칠 거예요. 그렇다면 만약 반에서 공부로 5등 안에 드는 학생만 회장 선거에 나갈 수 있다는 규칙이 있다면 여러분은 어떨까요? 여전히 차별이라고 생각하나요? 물론 요즈음 초등학교 중에는 공부를 잘하는 사람만 회장 선거에 나갈 수 있다는 규칙을 둔 학교는 없어요. 하지만 불과 10여 년 전만 해도 회장 선거 후보는 공부를 잘하는 사람만 나가야 한다고 당연하게 생각했어요.

쪽지 시험을 잘 보는 것과 점심을 먹는 것은 아무 상관이 없는 일이에요. 마찬가지로 공부 실력과 학급의 대표가 되는 것은 아무 상관 없는 일이죠. 그런데 예전에는 "공부를 잘하면 다른 것도 잘해."라고 생각했어요. 공부 잘하는 것과 학급의 대표가 되는 것은 전혀 다른 능력인데도 말이에요. 이러한 생각을 바로 편견이라고 해요. 편견은 한쪽으로 치우친 잘못된 생각을 말합니다.

차별은 권리나 자유를 공평하게 누리지 못하게 하고, 편견은 이러한 차별을 당연하다고 여기게 해요. 그래서 세상에 편견이 많을수록 차별을 당연하게 생각하는 사람들도 많아지지요. 공부를 잘하지 않는 학생이라도 학교의 대표로서 충분히 자기 역할을 할 수 있고, 회장 후보로도 손색이 없어요. "공부를 잘하는 사람이 당연히 회장 후보가 되어야지."라거나 "공부도 못하면서 네가 무슨 회장이냐?"라는 편견은 공부를 못한다는 이유만으로 회장 선거에 나서고 싶어도 그런 기회조차 갖지 못하게 만드는 차별을 당연하게 하죠.

　흑인이 노예로 살아야 했던 100여 년 전 미국에서는 흑인은 백인보다 신체적인 능력도 지능도 떨어진다고 생각되었어요. 오늘날 운동선수 중에 흑인 선수가 더 많고, 흑인이 미국 사회에서 백인과 동등하게 중요한 역할을 하는 모습을 볼 때 이는 명백한 편견이었음을 알 수 있지요. 그런데 이러한 편견이 100여 년 전에는 당연한 사실처럼 여겨졌어요.

　이런 말도 안 되는 편견이 생긴 이유는 무엇일까요? 이런 편견은 백인이 흑인 노예 제도를 계속 유지하는 데 필요했기 때문에 생겨났어요. 만약 백

자신들의 안전과 권리를 찾고자 시위하는 미국의 흑인들_연합뉴스 제공

인에 의해 가축처럼 사육되고 팔려 나가던 흑인 노예가 백인과 똑같이 동등한 사람이라고 스스로 생각하게 되면 어떤 일이 일어날까요? 당연히 흑인들은 자신의 권리와 자유를 요구할 거예요. 그러면 더 이상 백인이 흑인을 노예로 삼는 일이 불가능하게 되겠죠. 그래서 흑인이 백인보다 모든 면에서 수준이 떨어지는 존재이며 사람으로 취급하지 않아도 된다는 편견을 만들어 냈던 거예요. 이러한 편견이 있어야 흑인들도 마땅히 누려야 할 권리와 자유를 누리지 못하는 것을 당연하게 받아들이기 때문이지요.

어떻게 편견을 없애죠?

우리 사회에도 차별을 만드는 편견을 당연하게 생각하는 사람들이 많아요.

"공부를 못하면 회장 선거에 나갈 자격이 있어?"

"장애인이 제대로 일을 할 수 있겠어?"

"여자가 무슨 축구 선수야?"

"남자애가 왜 바느질을 좋아하냐, 여자애처럼?"

우리가 세상에서 듣는 이러한 편견을 없애려면 무엇을 해야 할까요?

먼저 우리는 모든 사람이 다르다는 것을 인정해야 해요. 사람들은 모두 조금씩 차이를 가지고 있어요. 쌍둥이라도 얼굴 생김새가 조금씩 달라요.

혹시 얼굴이 완전히 똑같은 쌍둥이가 있다 해도 각자 생각이나 취향은 서로 다르지요. 그리고 순간순간 보이는 태도도 모두 같을 수 없어요. 생각이나 취향이 같은 사람도 자세히 살펴보면 조금씩 다르다는 것을 발견할 수 있거든요. 유명한 아이돌 가수를 똑같이 좋아하는 친구가 있다고 해도 좋아하는 이유는 제각각이에요. 한 사람은 그 가수의 노래를, 다른 한 사람은 그 가수의 겉모습을 더 좋아할 수도 있지요. 이렇듯 사람은 모두 다르다는 것을 잊어서는 안 돼요.

두 번째로 다른 사람들이 모두 나와 같은 사람으로 똑같이 존중받아야 한다는 것을 인정해야 해요. 나와 다른 사람이 서로 다르기 때문에 나와 다르게 대우받아도 되는 것은 아니지요. 나보다 더 높거나 더 낮은 사람이란 존재하지 않아요. 내가 사람으로 존중받아야 하는 만큼 다른 사람도 당연히 나와 같은 동등한 사람으로 존중받아야 하지요.

마지막으로 내가 누릴 자유와 권리는 남도 똑같이 누려야 해요. 말로는 차별이 없다고 하지만, 실제로 자신이 누릴 권리와 자유가 다른 사람과 비교해 봤을 때 서로 동등하지 않다면 그것은 당연히 차별이에요. 예를 들어 흑인 노예를 인간적으로 대하는 백인 주인이 있다면 차별이 없다고 할 수 있을까요? 아니에요. 흑인을 가축처럼 생각하는 노예 제도가 사라지지 않는다면 차별이 없어졌다고 말할 수 없어요. 흑인과 백인의 차별이 없어진다는 것은 노예 제도가 사라지는 것에 그치지 않고, 흑인이 모든 면에서 백인과 동등한 권리와 자유를 누릴 수 있다는 뜻이에요. 그리고 인종에 대

한 편견 또한 완전히 사라진다는 뜻이지요. 미국에서 노예 제도가 사라진 지 꽤 오랜 시간이 지났지만 여전히 인종 차별 문제를 고민하는 것은 이런 이유 때문이에요.

어떤 이유에서든 차별받으면 안 돼!

세계인권선언 제2조에서는 '차별받지 않을 권리'를 말하고 있어요. 간단히 설명하면 피부색이 다르든 같든, 여성이든 남성이든, 믿는 종교가 같든 다르든, 어느 나라 사람이든, 어디에서 태어났든, 재산이 있든 없든, 장애가 있든 없든, 좋아하는 것이 같든 다르든, 내국인이든 외국인이든, 어떤 이유에서든지 차별받아서는 안 된다고 말하고 있어요. 즉 우리 모두가 동등한 자유와 권리를 누려야 한다는 말이지요.

공정한 재판을 받을 권리

왜 나를 의심하죠? 억울해요!

"야, 이 유리창 동수 네가 깼지?"

동수가 학교에 와 보니 교실 유리창이 깨져 있어요. 그런데 아이들이 모두 동수를 의심하네요. 오늘 아침 교실에 제일 먼저 들어온 사람이 동수이기 때문이지요. 평소 장난을 잘 치고 개구쟁이인 동수를 선생님도 믿지 않으시고요. 선생님은 동수에게 유리창 깨진 것을 치우고 그 벌로 오늘 교실 청소까지 하라고 했어요. 동수는 억울해했지만 아무도 동수 편을 들어 주지 않았어요. 동수가 지난달 점심시간에 장난치다가 유리창을 깬 적이 있다는 것을 모두들 알고 있기 때문이에요. 여러분이 동수라면 어떤 기분일까요? 매우 억울하고 화가 날 거예요. 제대로 조사도 하지 않고 동수를 범인으로 몰아가고 있으니까요.

　동수처럼 잘못을 저지르지 않았는데 자신이 무죄라는 것을 아무도 믿어 주지 않거나, 죄가 없다는 것을 말할 기회조차 주어지지 않는다면 어떨까요? 아마 억울하게 감옥에 갇히는 사람들이 많이 생겨날 거예요.

　또 똑같은 죄를 지었는데 사람마다 받는 벌이 다르면 어떨까요? 세상에서 가장 오래된 법 중 하나라고 전해지는 '함무라비 법'은 엄격한 법으로 유명해요. 다른 사람의 팔을 부러뜨린 사람은 그 사람의 팔도 부러뜨린다고 나와 있지요. 그런데 이 법도 자세히 보면 모든 사람들에게 공평한 법은 아니었어요. 법의 일부분을 보면 다음과 같아요.

> 197조 평민이 귀족의 팔이나 다리를 부러뜨렸으면 그의 팔이나 다리를 부러뜨린다.
> 198조 귀족이 평민의 팔과 다리를 부러뜨렸으면 은을 벌금으로 내야 한다.

　똑같은 죄를 지었어도 귀족과 평민을 처벌하는 방법이 다르네요. 이렇게 그 사람이 돈이 많은지 적은지, 신분이 높은지 낮은지에 따라 받는 벌이 다르다면 어떨까요? 아마 사람들은 공정하지 않은 법에 불만을 보일 테고, 힘이 있고 돈이 많은 사람들이 마음대로 해도 그것을 막을 방법이 없을 게 분명하지요.

함부로 유죄라고 말하면 안 된다고요?

　동수가 유리창을 깼는지 안 깼는지가 분명히 밝혀지기 전에 아이들이 동수가 범인이라고 떠들고 다닌 것도 문제예요. 동수처럼 사건에 대한 판결이 아직 나기도 전에 뉴스나 방송에서 이미 범죄자로 확정된 듯 이야기한다면, 판사는 공정하고 객관적인 재판을 진행하기 어려울 수 있어요.

　공정한 재판을 받을 권리란 법이 모든 사람에게 공정하게 적용되어야 한다는 말이에요. 지위나 신분 때문에 재판에서 부당한 판결을 받아서는 안 돼요. 또 재판을 받더라도 누구든 자신이 무죄임을 주장할 수 있는 충분한 기회를 주어야 하지요. 그리고 재판에서 판결이 확정되기 전까지 그 사람을 유죄라고 말해서도 안 돼요. 우리나라에서 재판 대부분이 공개적으로 진행되는 이유도 여기에 있지요. 만약 재판이 모두 공개되지 않는다면 억지로 죄를 몰아가기도 하고 죄가 없음을 말할 기회도 주지 않고 재판을 할 수 있기 때문이에요.

　마지막으로 동수의 예처럼 과거에 유리창을 깬 사실이 있다고 함부로 범인으로 단정해서도 안 돼요. 또 과거에 죄를 지어 이미 그 책임을 지고 처벌을 받은 사람을 '전과자'라고 부르며 차별하는 것도 인권 침해랍니다.

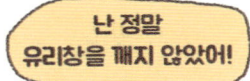

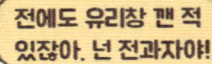

공정하게 재판받을 권리란 무엇인가요?

세계인권선언문을 보면 제6조부터 제11조까지 공정한 재판을 받을 권리에 대해 자세히 설명하고 있어요. 사실 법은 사람을 벌하기 위해 존재하는 게 아니라 모든 사람들이 자신의 인권을 존중받기 위해 존재해요. 그러니까 법이 개인의 인권을 침해한다면 법 자체를 바꾸도록 노력해야 해요.

똑같은 범죄를 저질렀어도 돈이 많은 사람은 가벼운 처벌을 받고 가난한 사람은 무거운 처벌을 받으면 안 돼요. 그리고 법 자체가 차별을 만들어도 안 되지요. 한때 우리나라에서는 한 집안의 대표는 무조건 남자여야 하고 자식은 아빠의 성만 써야 하던 호주제가 있었어요. 이 법이 없어진 것도 바로 차별적인 법이었기 때문이에요.

또 누군가 국가나 정부에 의해서 인권을 침해당했다면, 법에 의해 이에 대한 보상과 보호를 받아야 해요. 이 땅에서 민주주의를 요구하다 독재 정권에 의해 희생당한 분들에 대해 국가에서 사과하고 보상하는 이유도 여기에 있지요.

자신이 무슨 죄를 짓고 체포되는지에 대해 알지 못한 채 함부로 체포당하거나 다른 나라로 쫓겨나서도 안 돼요. 체포되는 사람에게도 그 이유를 알 권리와 변호사에게 도움을 받을 수 있는 권리, 자신에게 불리한 답을 억지로 강요당하지 않을 권리가 있어요. 그리고 경찰도 용의자를 체포할 때에는 이런 권리가 있다는 것을 용의자 본인에게 꼭 알려 주어야 해요.

생명을 보호받고 존중받을 권리

안전하게 살고 싶어요!

살아 있다는 것은 무엇일까요? 단지 심장이 뛰는 것만을 말하지 않아요. 살아 있다는 것은 스스로가 살아 숨 쉬고 있음을 느끼는 것까지를 말하지요. 여러분이 수많은 생명이 자라나는 숲 속에서 살고 있다고 상상해 보세요. 이 아름다운 숲 속에서 마음껏 뛰어다닐 수 있고 노래하고 소리칠 수도 있다면, 어떤 느낌이 들까요? 반대로 하루 종일 공부방에 갇혀 억지로 시험공부를 한다고 상상해 보세요. 정해진 공부를 다 끝내지 않고선 쉴 수도 없다면, 여러분은 어떤 기분일까요? 살아 있다는 것 그리고 자유를 만끽하는 것은 세상 어떤 것을 주어도 바꿀 수 없어요.

생명을 보호받고 자유롭게 살아가는 것은 사람이 누려야 할 가장 중요한 인권 중 하나예요. 그런데 만약 전쟁으로 매일매일 폭탄이 떨어져 목숨을 잃을지도 모른다는 두려움 속에 산다면 어떨까요? 부모님과 친구들을 잃고 어두운 보호 시설에서 숨죽이고 살아야 한다면 생명을 존중받고 있다고 할 수 없어요. 잘못된 정치를 하는 독재자를 비판했다는 이유로 감옥에 갇히고 고문을 당하거나 목숨까지 잃게 되는 상황이 발생한다면, 이 또한 자신의 생명을 보호받고 있다고 느낄 수 없어요.

오늘날에는 노예 제도를 인정하는 나라는 없어요. 흑인을 강제로 잡아 노예로 부리던 시대도 있었지만, 영국과 프랑스에 이어 미국이 1865년에 공식적으로 노예 제도 폐지를 선언한 이후 노예 제도 같은 나쁜 제도는 공식적으로 사라졌지요. 하지만 오늘날에도 노예 제도와 비슷한 일이 벌어지고 있어요. 어린이를 강제로 잡아다 노예처럼 일을 시키는 경우도 있고, 힘없는 할아버지나 할머니나 장애인을 노예처럼 가두고 강제로 일을 시키는 일이 아직도 일어나고 있어요. 이를 '**현대판 노예**'*라고 부르는데, 이렇게 노예처럼 갇혀 강제로 일을 해야 한다면 살아 있다고 말할 수 없을 만큼 비참한 모습이 아닐 수 없어요.

> **현대판 노예**
> 다음 네 가지 조건 중 하나라도 속하면 현대판 노예로 볼 수 있어요.
> – 정신적, 육체적 위협을 통해 노동을 강요당한다.
> – 고용주에게 정신적, 신체적 학대 또는 학대의 위협을 받고 소유나 통제를 당한다.
> – 인간성을 말살당하거나 상품으로 취급되거나 '재산'으로 판매당한다.
> – 신체적으로 제약을 받거나 이동의 자유에 제약을 당한다.

사람의 자유와 생명은 반드시 지켜야 할 가치래요

　인권 중 '생명을 보호받고 존중받을 권리'란 자신이 살아 있음을 느끼고 노예 상태에서 벗어나 자유를 누리는 권리를 말해요. 흔히 '생명권'과 '자유권'이라고도 말하는 이 권리는 인간이 누려야 할 가장 기본적인 권리 중 하나예요. 그래서 국가나 사회는 사람들이 생명의 위협을 받지 않고 안전하게 살아갈 수 있도록 보장해야 하지요. 국가와 국가 사이에 분쟁이 일어나 전쟁으로 고통받지 않도록 최선을 다해야 해요. 그리고 전쟁이 일어나더라도 민간인의 피해를 최소화해야 하지요.

　또 국가는 노예 제도와 비슷한 제도가 여전히 있지는 않은지 노예 상태에 처해 있는 사람은 없는지 끊임없이 관심을 가지고 문제를 해결하려고 노력해야 해요. 또한 전 세계는 전쟁을 멈추고 평화를 정착시키려고 노력해야 하고요. 기아 문제나 어린이들의 노예 노동 문제를 해결하는 데도 전 세계가 관심을 가져야 해요.

　인권 운동을 하는 사람들이 세상에 아직도 남아 있는 고문이나 사형 제도 같은 잔인한 행위를 없애려고 노력하고, 학생 인권을 보호하기 위해 학교 현장에서 체벌을 없애라고 목소리를 높이는 이유도 사람의 자유와 생명은 반드시 지켜야 할 가치이기 때문이지요.

생각과 양심의 자유

내 생각을 들여다본다고요? 끔찍해요!

"지금부터 당신이 생각하는 것을 모두 알아맞혀 보겠습니다."

텔레비전을 보다 보면 마술사가 나와 다른 사람의 생각을 읽는 장면을 간혹 볼 수 있어요. 실제로 다른 사람의 마음이나 생각을 모두 읽을 수 있는 초능력자가 있을까요? 그렇지 않아요. 마술사는 사람들의 행동이나 표정 등을 미리 읽고 짐작해 말하거나 사전에 그 사람에 대한 정보를 몰래 알아보았기 때문에 마음을 읽는 것처럼 보일 뿐이지요.

정말 다른 사람의 생각이나 마음을 읽는 기계가 발명된다면 어떤 일이 벌어질까요? 나를 좋아하는 사람이 누구고 나를 싫어하는 사람이 누구인지 단번에 알 수 있으니 좋을 것 같다고요? 이런 문제도 생길 수 있어요.

"동수 너, 방금 놀이동산 갈 생각 했지? 시험이 낼모레인데 책상에 앉아 딴생각할 거니?"

이렇게 아무런 행동도 하지 않고 그저 생각만 했는데 부모님에게 꾸중을 들을 수도 있어요. 친구들 사이나 가족 사이에 이런 일이 일어난다면 억울하기도 하고 짜증도 나겠지요. 그러나 만약 국가가 국민의 마음이나 생각을 모두 읽을 수 있다면 어떨까요? 이건 억울하다고 짜증을 내는 데서 끝나는 일이 아니에요. 정부의 정책이나 결정에 반대하는 사람을 사전에 막기 위해 사람들의 생각을 미리 조사한 뒤 정부에 대해 나쁜 생각을 한다는 이유만으로 감옥에 가두는 일이 빈번히 일어난다면 어떻겠어요. 이런 일이 일어난다면 단지 머릿속으로 생각했다는 이유만으로 고통받는 사람들이 많아질 거예요.

양심수는 누구예요?

물론 아직까지 사람의 생각이나 마음을 읽을 수 있는 기계는 만들어지지 않았으니 안심해도 돼요. 하지만 몇몇 나라에서는 국민들이 모두 같은 생각을 가져야 한다고 생각하고 사람의 생각과 마음을 감옥에 가두는 것처럼 통제하려는 시도들이 있었어요. 우리나라 전두환 대통령 시절에는 독재 정치를 반대하는 사람을 감옥에 가두었는데, 그 사람들의 수가 1만

명이 넘었던 적도 있어요. 하지만 그들의 생각은 쉽게 바뀌지 않았죠.

자신의 신념이나 생각을 바꾸지 않았다는 이유로 감옥에 갇힌 사람을 '양심수'라고 해요. 세계적으로 대표적인 양심수로는 훗날 남아프리카공화국의 대통령이 된 넬슨 만델라가 있어요. 그는 남아프리카공화국 정부의 인종 차별에 항의하다 27년간 감옥에 갇혀야 했어요. 하지만 그는 자신의 생각을 굽히지 않았어요. 넬슨 만델라에게는 감옥에서 나가는 것보다 자신의 생각과 신념을 지키는 것이 더 중요했기 때문이지요.

인권 중 '생각과 양심의 자유'는 이렇게 내가 가진 생각과 그에 따른 나

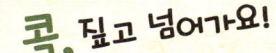

어떤 사람들이 양심수일까요?

넬슨 만델라처럼 인종이나 피부색, 종교나 언어나 민족 등을 차별하는 국가나 제도에 대해 맞서다가 감옥에 수감된 사람들이 양심수에 해당해요. 또 종교적인 이유나 평화의 가치를 지키려고 전쟁에 참여하는 것을 거부하거나 군대에 가는 것을 거부하고 총 들기를 거부했다는 이유로 감옥에 갇혀 있는 사람도 양심수라고 하지요.

양심수는 범죄를 저지르고 다른 사람의 인권을 파괴하는 범죄자와는 달라요. 이들은 폭력이나 범죄를 저지르지 않았음에도 국가가 요구하는 제도나 가치와는 다른 자신들의 생각과 신념을 지키려고 감옥 생활이라는 어렵고 힘든 고난을 감수하고 있는 사람들이에요.

만의 신념을 강제로 바꾸지 않을 권리를 말해요. 세상의 모든 사람들은 저마다 다른 생각을 가지고 있어요. 아름다운 꽃을 동시에 보고도 서로 다른 생각을 하게 마련이지요. 나만의 생각을 가지고 있다는 것은 다른 사람과 나를 구별하는 가장 소중한 징표지요. 그런데 모두 똑같이 생각하고 판단하라고 한다면, 그것은 몸을 가두는 것보다 더 끔찍한 일이에요.

　동수의 부모님은 독실한 종교인이에요. 그래서 동수를 억지로 종교 행사에 참여시켜요. 아주 어렸을 때 동수는 잘 몰랐기 때문에 부모님과 함께 가는 게 어렵지 않았어요. 하지만 지금은 그렇지 않아요. 동수는 그 종교를 더 이상 믿고 싶지 않거든요. 동수가 이런 생각을 갖게 된 이유는 무엇 때문일까요? 한 가족이라도 종교에 대한 신념은 저마다 다를 수 있어요. 어렸을 때 믿던 종교를 더 이상 믿지 않을 수도 있고, 처음에는 종교를 믿지 않다가 나중에 독실한 신자가 될 수도 있고 그 반대도 얼마든지 가능해요.

　이렇게 사람의 마음과 생각은 변화할 수 있어요. 그런데 부모님이 무조건 어떤 종교를 믿어야 한다고 강요한다면, 그것은 국가나 정부가 그들이 원하는 대로 생각해야 한다고 양심수를 감옥에 가두는 것과 크게 다르지 않아요.

생각은 자유롭게

"네 생각 따윈 필요 없어. 무조건 우리가 생각한 대로 따라!"라고 말하는 것은 인권을 침해하는 말이에요. 그리고 "왜 네 생각을 말하지 않아. 빨리 네 생각을 이야기해!"라고 강요하는 것도 인권 침해지요. 자신의 생각을 지키는 것도 중요하지만, 자신의 생각이나 신념을 누군가에게 밝히느냐 밝히지 않느냐를 선택하는 것 또한 개인의 자유예요. 학교에서 스스로 반성하지 않았는데도 무조건 반성문을 쓰게 하거나 억지로 **각서**˚를 쓰게 하는 것도 모두 개인의 생각을 통제하려는 시도 중 하나지요.

생각은 자유롭고 막힘이 없어야 합니다. 생각이 자유로운 것은 몸이 자유로운 것만큼, 아니 그것보다 더 중요해요. 생각과 신념이 서로 다른 사람을 인정하는 사회가 더욱더 좋은 생각을 모을 수 있는 것은 당연하지요.

> **각서**
> 두 사람 간에 약속을 지키겠다는 내용을 적은 문서로 서약서라고도 해요. 대체로 잘못한 사람이 다시는 같은 일을 저지르지 않겠다고 약속하며 이를 어길 때 받게 될 처벌을 써넣기도 하지요.

표현의 자유

왜 내 생각을 말하면 안 돼요?

"동수, 너는 대회에 참가하면 안 될 것 같다."
"뭐라고요? 왜 안 되는 거죠?"

동수는 선생님 말씀에 눈이 동그래졌어요. 곧 있을 개교기념 말하기 대회에 나가려고 한 달 동안 준비해 왔거든요. 그런데 이제 와서 참가할 수 없다니 이게 무슨 날벼락이래요. 동수는 담임 선생님의 말씀을 도무지 이해할 수 없었어요.

"이렇게 학교를 나쁘게 말하는 내용을 가지고 말하기 대회에 나갈 수는 없어. 발표 내용을 바꾸지 않으면 말하기 대회 참가는 못 한다."

담임 선생님은 굳은 표정으로 동수에게 말했어요.

"하지만……."

동수는 개교기념일을 맞아 학교의 장점을 말하는 것도 좋지만 우리 학교가 좀 더 좋아지면 좋겠다는 생각에 '우리 학교에서 바뀌어야 할 점들'이라는 제목으로 발표 원고를 썼어요. 그런데 그것을 읽어 본 담임 선생님이 다음 날 이렇게 말했던 거예요.

동수는 대회에 참가하기 위해 자신의 생각과 다른 내용으로 고쳐 발표해야 할까요? 만약 여러분의 생각이나 마음속 가치를 표현하고 싶어도 마음껏 표현하지 못하는 상황이 된다면 어떨까요?

표현의 자유란 무엇인가요?

앞에서 우리는 '생각과 양심의 자유'를 말했어요. 자신의 생각과 신념이 자유로워야 하는 것만큼 자신의 생각과 신념을 표현하는 것도 자유로워야 합니다. 이를 '표현의 자유'라고 하지요. '생각과 양심의 자유'와 '표현의 자유'는 떼려야 뗄 수 없는 관계예요. 자신의 생각과 신념을 여러 가지 방법으로 표현하지 못하게 하는 것은 생각하지 말라는 것과 같기 때문이지요.

사람들은 누구나 태어나서부터 자연스럽게 자신이 생각하는 대로 말하고 글이나 그림 등으로 표현해 왔어요. 어렸을 때부터 그림을 그리고 글을 쓰고 말을 하며 자신의 생각을 나타내는 것은 인간이라면 당연히 누려야 할 권리지요. 그런데 누군가 "네 생각은 말하지 마!"라거나 "네 생각을 표현하면 안 돼!"라고 한다면 그것은 생각하지 말라는 것과 마찬가지예요. 그래서 국가나 사회는 사람들이 자신의 생각을 마음껏 나타낼 수 있도록 '표현의 자유'를 보장해야 해요.

만약 국가나 정부가 하는 일이 잘못되었다고 생각하는 사람들이 자신의 생각을 표현하고자 한다면 어떻게 해야 할까요? 그림으로 나타내고 책을 쓰는 방법도 있을 거예요. 같은 생각을 하는 사람들이 모여 잘못된 정부를 비판하기도 하고 올바른 정책을 세우라고 주장할 수도 있어요.

집회와 시위, 무서운 것 아닌가요?

사람들이 모여 자신의 주장을 널리 알리는 것을 집회와 시위라고 해요. 여기에서 집회는 '같은 생각을 가진 사람들이 모이는 것'을 말하고, 시위는 이렇게 모인 사람들이 '자신의 생각을 다른 사람에게 널리 알리는 일'을 말해요.

여러분 중에는 사람들이 모여 시위를 하거나 집회를 여는 것을 보고 무섭다고 생각하는 사람도 있을 거예요. 깃발을 들기도 하고 팻말을 들고 구호를 외치는 모습을 보고 무언가 나쁜 일을 벌인다고 생각할 수도 있어요.

하지만 집회와 시위가 다른 사람을 공격하거나 폭력을 쓰는 것이 아니라면, 정부에 대한 어떤 생각이나 주장을 하든지 정부는 집회와 시위를 보장해야 해요. 왜냐하면 정부를 비판하고 문제점을 지적하는 집회와 시위를 금지하는 사회에서는 정부가 민주주의를 억압하고 국민의 뜻에 귀 기울이지 않아도 그것을 바꿀 수 있는 방법이 전혀 없기 때문이지요.

민주주의 국가, 인권이 보장되는 국가에서는 국가를 비판하고 변화를 요구하는 국민의 목소리를 들어 주고 요구 사항을 최대한 보장하는 것이 너무나 당연한 일이에요. 그래서 대부분의 민주주의 국가에서는 집회와 시위를 중요한 국민의 권리로 생각해 법으로 보장하고 있지요.

그렇다면 모든 표현이 다 가능할까요? 그렇지는 않아요. 자기 생각과 신념을 표현하는 것이 항상 자유로워야 한다고 다른 사람의 인권을 침해하는 생각과 신념을 표현하는 것까지 항상 자유로울 수는 없어요. 우리가 여성과 장애인을 차별하는 말을 하는 사람들을 비난하는 것은 바로 여기에 있어요. 그 누구도 다른 사람의 인권을 침해하는 말과 행동을 할 자유는 없기 때문이지요. 그것은 '표현의 자유'가 아니라 '또 다른 인권 침해'일 뿐이니까요.

이게 발가벗겨진 것과 뭐가 달라!

"동수야 어제 학원 안 가고 피시방 갔었니?"

동수는 깜짝 놀라 엄마를 바라봤어요. 아침부터 엄마가 화난 목소리로 동수를 야단치시네요. 엄마 손에는 동수의 휴대 전화기가 들려 있어요. 동수가 어제 친구들과 주고받은 문자 메시지를 엄마가 보신 거예요.

"엄마, 내 폰 보면 어떻게 해."

"네가 이렇게 공부 안 하고 딴짓할까 봐 보는 거지. 안 그래?"

동수는 울상이 되었지만 엄마는 굳은 얼굴을 풀지 않으시네요. 동수는 학원에 안 가고 놀러 간 것은 잘못이라고 생각하지만, 엄마가 자신의 휴대 전화기를 함부로 보는 것 때문에 기분이 나빴어요.

기분이 우울한 채로 학교에 가니 교실 복도에 아이들이 모여 웅성거리고 있어요.

"야, 김동수. 너 이번 시험 20점밖에 못 맞았더라! 헤헤!"

친구인 정민이가 동수를 놀립니다. 깜짝 놀라 아이들이 보고 있는 것을 살펴보았어요. 복도에는 어제 본 수학 시험 점수가 붙어 있었어요. 수학 시험을 망친 동수는 자기 점수가 공개되자 울고 싶었어요.

사생활 보장의 권리란 무엇인가요?

누가 내 일기장을 훔쳐본다거나 휴대 전화기의 문자 메시지 내용을 함부로 살펴본다면 어떨까요? 아니면 여러분의 시험 점수가 다른 사람에게 공개된다면 어떤 기분일까요? 아마 감시당한다는 생각도 들 테고, 마치 다른 사람들 앞에서 발가벗겨진 것 같은 생각에 기분이 나쁠 거예요.

기분은 나쁘지만 부모님이나 선생님이 일기장이나 휴대 전화기의 문자 메시지를 보는 것은 우리를 위해 당연한 일이 아니냐고요? 그렇다면 국가가 국민의 안전을 지킨다는 이유로 집집마다 감시 카메라를 설치하고 국민의 삶을 하나하나 감시한다면 어떨까요? 그것은 안 된다고요? 국가의 감시는 문제지만 부모님이나 선생님이 자신의 모든 것을 다 아는 것은 괜찮을까요?

사실 사람들은 누구나 가까운 친구나 가족에게도 말하지 않는 자신만의 비밀이 있어요. 다른 사람들에게 방해받지 않을 나만의 공간도 필요하지요. 여러분이 어렸을 때는 부모님과 한시라도 떨어져 있으면 불안해했지만, 어느 정도 나이가 들면 자신만의 공간이 필요한 것도 이런 이유 때문이에요. 나만의 생각을 정리할 수 있는 나만의 장소란 다른 사람에게 감시받지 않아야 하고 다른 사람을 의식하지 않고 편안하게 있을 수 있어야 해요. 만약 내 삶의 모든 것이 낱낱이 공개되어야 한다면 우리는 제대로 된 생활을 할 수 없어요.

'사생활 보장의 권리'는 이렇게 감추고 싶은 자기만의 비밀이나 공간이 다른 사람에게 공개되지 않을 권리예요. 만약 누군가 여러분이 친구들에게 보낸 전자 우편 내용을 몰래 열어 본다면 여러분은 친한 사람과 마음 놓고 전자 우편을 주고받지 못하겠죠. 만약 개인 누리집에 쓴 글을 누군가가 일일이 감시한다면 쓰고 싶은 글이 있어도 주저하게 될지도 모르고요. 또 학교 교실이나 복도에 감시 카메라가 너무 많이 설치되어 있다면 어떨까요? 내 생활이 하나하나 감시당하고 있다면 갇혀 있지 않아도 보이지 않는 창살 속에 갇혀 있는 기분이 들 거예요.

이뿐만이 아니에요. 여러분의 이름, 나이, 주소 그리고 주민등록번호 같은 개인 정보를 누군가가 알게 되었거나 인터넷에 여러분의 개인 정보가 그대로 공개되었다고 생각해 봐요. 여러분은 범죄의 피해자가 될지도 모른다는 두려움에 벌벌 떨 수도 있어요.

사생활은 뭐든 보장되나요?

이렇게 세상에 살고 있는 모든 사람들은 누구나 자기만의 비밀과 지켜야 할 사생활이 있어요. 그리고 그것은 함부로 들춰내지 못하도록 국가와 사회가 보호해야 하지요. 그런데 간혹 사생활과 사생활이 아닌 것을 혼동하는 사람도 있어요.

만약 아이들을 심하게 때리고, 학교를 보내지 않으며, 제대로 된 음식도 주지 않고 방치하는 부모가 있다고 생각해 봐요. 이런 부모가 집에서 아이에게 벌이는 일은 사생활일까요? 그 집 가족들 사이에서 일어난 문제니까 옆집이나 다른 사람들이 관심을 보이면 안 되는 사생활일까요? 그리고 그 부모들이 "우리 집안 문제이니 신경 쓰지 마세요!"라고 한다면 우리는 아무런 관심을 갖지 말아야 할까요? 절대 아니죠. 이런 부모가 있다면 사람들이 관심을 보이고 더 이상 아이를 학대하지 못하도록 신고해야 해요. 아무리 사생활을 보장하고 보호한다고 해도 그 안에서 일어나는 인권 침해의 문제까지 보장하는 것은 아니니까요. 사생활 보호도 다른 인권을 보장하는 테두리 안에서 보장받는 거예요. 사생활이니까 우리 가족끼리니까 마음대로 해도 된다는 생각과 행동은 잘못되었다는 것을 잊지 마세요.

정치에 참여할 권리

정치는 어른들이 하는 것 아닌가요?

"여러분은 정치를 잘하고 있나요?"

이 질문에 많은 친구들이 이렇게 대답할 거예요.

"우리가 무슨 정치예요. 정치는 어른들이 하는 것 아닌가요?"

여러분이 이렇게 대답하는 것은 어쩌면 당연한 일이에요. 정치라는 말을 떠올리면 국회의원이나 대통령 등 어른들의 모습이 떠오르기 때문이지요. 하지만 여러분도 많은 부분에서 정치에 참여하고 있어요. 잘 모르겠다고요?

먼저 각 반의 회장과 부회장을 뽑는 것도 정치예요. 누군가를 선출하는 일을 하는 것은 정치에 참여하는 가장 중요한 일 중 하나지요. 반대로 내가 회장이나 부회장 후보로 나가는 것 또한 정치에 참여하는 일이에요. 하지만 이것 말고도 우리는 많은 부분에서 정치에 참여하고 있어요. 친구들과 모여 어떤 놀이를 할지 결정하는 것도 정치예요. 부모님에게 이번 달 용돈을 올려 달라고 말하는 것도 정치지요. 그리고 학교에서 우리 반 약속을 정하는 것도 모두 정치에 포함돼요.

정치란 넓은 의미에서 두 사람 이상의 사람들이 모여 함께 공통의 문제를 해결하는 모든 과정을 말해요. 그러니 우리는 알게 모르게 생활 속에서 자연스럽게 정치에 참여하고 있답니다. 이렇게 우리 생활의 많은 부분에서 정치에 참여하고 있는데도 왜 정치에 참여할 권리를 인권으로 중요하게 생각하는 걸까요? 그것은 실제로 많은 사람들이 자신의 삶과 관련한 여러 가지 문제에 대해 적극적으로 참여하지 못하고 있기 때문이지요. 무슨 뜻인지 잘 이해되지 않는다고요? 그럼 여러분의 생활 모습을 한번 살펴볼게요.

오늘 친구와 점심시간에 무엇을 하고 놀지 여러분은 적극적으로 이야기하고 결정에 참여하곤 해요. 하지만 우리 반 수학 시험을 언제 볼 것인가를 결정하는 일에는 참여하지 못하는 편이에요. 집에서 부모님과 외식할 때 먹을 음식을 고를 때에는 부모님들이 여러분의 목소리를 잘 들어 주세요. 하지만 학원을 다니고 그만두는 일은 부모님이 결정하는 경우가 많아요. 그뿐만이 아니에요. 어린이를 위한 여러 가지 법이 만들어져 있지만, 정작 어린이인 여러분은 그 법을 잘 알지도 못해요. 어떻게 바꾸는 것이 좋은지 목소리를 내지도 못해요. 이런 것은 모두 어른들이 정해야 하는 일이기 때문에 그럴까요?

더욱더 누려야 할 정치에 참여할 권리

여러분뿐만 아니라 어른도 마찬가지예요. 우리나라 국민이 선거를 통해 대통령을 직접 뽑고 후보로 등록할 수 있게 된 것은 불과 30여 년밖에 안 되었어요. 지금처럼 구청장이나 시장도 국민이 직접 뽑고 후보로 나설 수 있게 된 것도 마찬가지고요. 이것이 가능해지는 데는 많은 사람의 노력과 희생이 필요했어요. 그리고 여전히 대통령이나 국회의원이 된 사람이 자신을 뽑아 준 국민의 뜻을 저버려도, 국민이 그들을 바꾸고 목소리를 높이는 것은 쉽지 않아요. 즉 사람들이 정치에 참여하는 것은 그리 쉽지 않다는 말이지요. 그래서 정치에 참여할 권리는 여전히 더욱더 확대되고 더 많이 누려야 할 권리예요.

정치에 참여할 권리는 먼저 자신과 관련한 일을 결정할 때 자신의 의견과 주장을 말할 수 있는 기회가 보장되어야 해요. 자신과 관련한 일을 정하는 대표를 선출하고 그 대표로 나설 수 있는 권리 또한 모두 보장받아야 하고요. 그것은 국회의원이나 대통령을 뽑는 일뿐만 아니라 우리가 살고 있는 모든 생활에서 보장되어야 할 권리이기 때문이죠.

회사에서 회사원의 대표로 선출되고 회사 운영에 대해 참여하는 것, 학교에서 학생 대표로 뽑히고 학생의 의견을 주장하고 목소리를 내는 것, 마을에서 마을의 대표를 뽑거나 마을 대표로 선출되는 것과 마을을 위한 여러 가지 의견을 자유롭게 내는 것 모두가 충분히 보장받아야 해요. 나이가 어리다 하더라도 이러한 권리는 마땅히 보장받아야 하지요.

누구나 동등하게 정치에 참여할 수 있어야 해요

동수는 전교 어린이 회장 선거에 출마하려고 해요. 전교 어린이 회장이 되어 좀 더 재미있고 즐겁게 공부할 수 있는 학교를 만들고 학생들을 대표해 건의 사항을 이야기하면 학교가 좋아지리라는 생각에서요. 그런데 동수가 한창 회장 선거 준비를 하고 있을 때 담임 선생님이 갑자기 회장 출마 자격이 달라졌다는 사실을 알려 주셨어요. 작년에는 5학년이나 6학년 학생이면 누구나 전교 어린이 회장 선거에 출마할 수 있었는데, 올해에는 현재 학급에서 회장이나 부회장을 맡고 있는 학생이 아니면 전교 어린이 회장으로 출마할 수 없다는 거예요.

전교 어린이 회장 선거를 준비하던 동수는 깜짝 놀랐어요. 동수는 학급에서 회장이나 부회장을 맡고 있지 않기 때문에 회장 선거에 출마할 수 없게 된 거예요. 갑자기 바뀐 전교 어린이 회장 자격은 정말 올바른 것일까

요? 만약 이렇게 선거 규정이 바뀌었다면, 이것은 누구나 동등하게 선거에 참여하고 후보가 될 수 있어야 한다는 기본적인 권리를 침해한 것이랍니다.

우리나라에서는 일정한 나이가 되면 누구나 국회의원이나 대통령 후보로 출마할 수 있어요. 그리고 만 18세가 되면 누구나 투표로 대표를 선출할 수 있지요. 모든 사람은 누구나 동등하게 한 사람에 한 표씩 투표할 수 있어요. 돈이 많거나 유명하다고 투표용지를 두 장 받을 수 있는 것은 아니죠. 또한 투표하는 권리는 누가 대신할 수 없으며, 누구에게 투표했는지는 비밀로 보장받고 있어요. 이렇게 국가가 선거와 투표를 어떻게 하는지 법으로 정한 것은 자유롭고 공정한 선거에 참여해 대표로 출마하거나 대표를 뽑는 것이 중요한 권리이기 때문이에요.

2020년 우리나라는 투표할 수 있는 나이를 만 19세에서 만 18세로 낮췄어요. 그리고 2022년에는 국회의원이나 지방 자치 단체장 후보로 출마할 수 있는 나이도 만 18세로 낮췄어요. 이는 더 많은 사람들이 정치에 참여하게 함으로써 국민의 의견을 다양하게 모으고 국민이 정치에 참여하는 권리를 확대하기 위해서지요.

우리 주변의 감시 카메라를 감시해 봐요

학교, 거리, 학원, 편의점, 버스 등 우리 주변 곳곳에 감시 카메라가 있어요. 범죄 예방을 위해 필요해 보이지만, 사생활을 침해할 가능성도 많다고 합니다. 우리 주변의 감시 카메라는 얼마나 그리고 왜 설치되어 있을까요?

실천 하나 우리 주변에 감시 카메라가 어디에 얼마나 설치되어 있는지 찾아봐요. 먼저 몇 개쯤 있는지 예상해 보고, 그 예상보다 많이 설치되어 있는지 아니면 적게 설치되어 있는지 결과를 비교해 봐요.

실천 둘 감시 카메라는 필요하다고 마음대로 설치할 수 없어요. 감시 카메라 설치에 관한 법이나 규정을 찾아봐요.

실천 셋 우리 주변에 설치된 감시 카메라가 규정에 맞게 설치되었는지 확인해 봐요. 만약 규정을 어기는 감시 카메라가 있다면 경찰에 신고할 수 있어요.

학교나 구청, 공원 등 공공 기관에 설치된 감시 카메라는 2017년 현재 954,261대예요. 개인이 설치한 것까지 합하면 그 수는 100만 대가 넘는다고 해요. 또 감시 카메라에는 반드시 안내판이 설치되어 있어야 해요. 안내판에는 설치한 목적이 무엇인지, 얼마나 오래 촬영하는지, 감시 카메라에 대해 책임지는 사람은 누구이고 그 사람에게 연락할 전화번호가 모두 적혀 있어야 해요. 함부로 감시 카메라를 설치하는 것은 개인의 사생활을 침해하는 일이니까요.

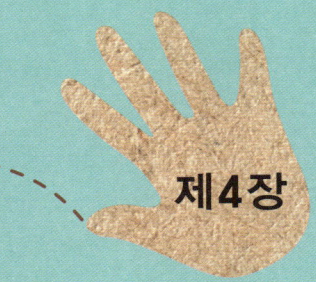

제4장
사람답게 살게 해 주는 인권

인간은 다른 동물들과 달리 '생존'을 위해서만 살지 않아요. 만약 생존을 위해 산다면 그저 배고프지 않고 비나 추위를 피해 잘 수만 있으면 되겠죠. 하지만 인간은 '행복'하기 위해 살아갑니다. 가난, 질병, 장애, 폭력, 전쟁과 같이 인간의 삶을 불안하게 하는 것으로부터 인간은 보호받으며 안전하게 살아갈 수 있어야 하죠. 그러려면 사회가, 국가가 앞장서 이런 것들로부터 보호해 주고 사람들이 행복한 삶을 살아갈 수 있도록 보장해 줘야 해요. 이것이 가능해야 동물과 다르게 사는, 즉 사람답게 살 수 있는 것이죠.

복지 국가란 무엇인가요?

"가난은 나라님도 막을 수 없다."

옛날 사람들이 흔히 하던 말이에요. 여러분도 이런 말을 들어 봤나요? 가난은 나라도 해결해 주지 못한다는 뜻이죠. 그렇다면 이런 말은 들어 봤나요?

"국가는 모든 국민이 행복한 좋은 집이 되어야 한다."

이 말은 스웨덴의 정치가였던 페르 알빈 한손이 한 말이에요. 이 말의 뜻은 국가는 국민을 행복하고 좋은 집에 있는 것처럼 보호해 주어야 한다는 것이죠. 20세기 이전의 국가는 외적으로부터 국민을 지켜 주는 역할과 법으로 국민을 보호해 주는 역할이 가장 중요했어요. 그래서 범죄를 저지르거나 적이 침입하는 것이 아니라면 가난한 사람들의 고통은 국가도 해결할 수 없다고 생각했지요.

현대 사회로 들어오면서 국가가 국민의 삶을 위해 적극적으로 역할을 수행해야 한다는 주장이 제기되었어요. 이러한 국가를 '복지 국가'라고 해요. 앞에서 페르 알빈 한손의 말은 복지 국가의 정의를 정확하게 드러내는 말이에요. 페르 알빈 한손은 국가가 그냥 집이 아니라 행복한 좋은 집이어야 한다고 말했어요. 행복하고 좋은 집이라면 가족 모두가 행복해야 하죠. 만약 더 힘든 사람이 있다

스웨덴의 정치가 페르 알빈 한손
_Wikimedia Commons 제공

면 가족이 모두 도와주는 곳이 행복한 집일 거예요.

스웨덴에서는 어떤 사람이든 아프면 누구나 무료로 치료를 받아요. 또 초등학교부터 대학교까지 공부하고 싶으면 누구나 무료로 공부할 수 있고요. 아이를 낳아 기르거나 집을 장만할 때는 국가가 돈을 지원해 주고, 만약 일자리를 잃게 되면 국가에서 새로운 일자리를 얻을 동안 필요한 돈을 지원해 줘요. 이렇게 국가가 국민의 삶을 책임지게 된 것은 바로 "국가는 국민들에게 행복하고 좋은 집"이어야 한다는 생각에서 시작되었어요. 이

렇게 해서 오늘날 스웨덴은 복지 국가를 대표하는 나라가 되었답니다.

어떤 사람들은 스웨덴은 선진국이고 우리보다 잘사는 나라니까 복지 국가가 된 것이 아니냐고 이야기하기도 해요. 하지만 스웨덴이 처음부터 잘사는 나라였을까요? 수십 년 전만 해도 스웨덴은 너무 가난해서 국민의 5분의 1 이상이 일자리를 찾아 이웃 나라로 떠나야 했던 나라였어요. 하지만 스웨덴 사람들은 사람을 중심으로 정치를 하고, 사람을 중심으로 국가를 만들어야 한다는 생각에 사회의 여러 사람들과 문제 해결 방법을 찾으려고 대화를 멈추지 않았어요. 그리고 여러 가지 해결 방법을 찾았고, 결국 세상에서 가장 복지가 잘된 나라를 만들었어요.

사회 보장이란 무엇인가요?

스웨덴처럼 국가나 사회가 사람들의 삶을 책임지고 행복한 삶을 위해 노력하는 것을 '사회 보장'이라고 해요. 오늘날 국가가 국민에게 적절한 사회 보장을 하는 것은 중요한 국가의 역할이 되었고, 그것을 요구하는 것도 매우 당연한 국민의 권리가 되었어요.

먼 옛날 "가난은 나라님도 막을 수 없다."는 말이 있었던 시대에도 국가가 국민의 삶에 대해 아무런 책임을 지지 않았던 것은 아니에요. 조선 시대에도 가난한 사람을 치료해 주던 혜민서와 활인서라는 병원이 있었고,

식량이 떨어지는 시기에 국가가 곡식을 빌려 주고 추수한 뒤에 갚게 하는 환곡이라는 제도도 있었어요. 옛날에도 이랬는데 오늘날의 국가가 국민을 위한 사회 보장 정책을 소홀히 한다면, 그것은 국가의 역할을 제대로 수행하지 않는 것과 다를 바 없지요.

국가는 국민의 생명과 안전을 지킬 의무가 있어요. 그러므로 한 나라의 국민이라면 최소한의 삶을 살아갈 수 있는 사회 보장을 누릴 권리가 있지요. 하지만 국가 중에는 경제적으로 어려운 상황 때문에 국민의 안전을 지키지 못하는 나라도 있어요. 최근 지진과 가난 때문에 고생하고 있는 아이티와 같은 나라가 대표적이지요. 이러한 나라는 국가 스스로 국민의 생명과 안전을 지켜 주지 못하는 상황에 처해 있기에 다른 국가라도 나서서 이들 나라의 국민을 도와주어야 해요. 세계 여러 나라에서 다른 나라 사람들의 생명과 안전을 지키는 데 관심을 갖는 것은 인권을 보장받는 세상을 만들기 위해서예요. 모든 사람의 생명과 안전이 지켜져야만 진정 인권을 보장받는 세상이기 때문이지요.

일할 권리와 쉴 권리

우리에게도 놀 권리가 있어요!

"너희들, 지난 영어 수업 시간에 떠들었다며? 수업 시간에 그렇게 형편없이 굴었으니까 이번 점심시간에는 밥 먹고 다 제자리에 앉아 학습지 풀 거야. 알겠니?"

담임 선생님 말에 동수네 반 아이들은 모두 한숨을 푹푹 쉬네요. 점심시간에 옆 반이랑 피구 경기를 하기로 약속했는데 놀지도 못하고 점심시간을 보내야 하기 때문이지요. 영어 시간에 떠든 것은 사실이지만, 그렇다고 놀아야 하는 시간에 공부를 하는 것은 너무한 것 같아요. 사실 바로 전 영어 시간도 수업 시간이 길어져 쉬는 시간 10분도 제대로 쉬지 못했는데 말이에요.

동수네 반 아이들처럼 쉬는 시간이나 놀이 시간이 줄어들면 여러분도 한숨을 쉬며 불만을 말하겠지요? 그런데 쉬는 것은 어린이뿐만 아니라 어른에게도 중요한 권리예요. 만약 직장에 다니시는 부모님이 하루 종일 일하면서 거의 쉬지 않는다면 어떻게 될까요? 일하는 보람을 느낄 수 없을뿐더러 마치 기계가 된 것처럼 느낄 수도 있어요. 쉬지 않고 일하다 보면 실수할 수도 있고, 잘못하면 생명에 위협을 주는 사고를 당할 수도 있어요. 그래서 우리나라 노동법에는 매주 40시간까지 일하도록 정해 놓았어요. 단, 회사 사정으로 노동자에게 일을 더 시켜야 할 때에는 매주 12시간까지만 더 일할 수 있도록 정해 놓았지요.

정말 힘들게 얻어 낸 쉴 권리

이렇게 법으로 쉴 권리를 보장하기까지 많은 사람들의 노력이 있었어요. 1970년대만 해도 우리나라 노동자들은 낮은 임금을 받고 하루 15시간이 넘게 일했어요. 고개를 들 수 없을 정도로 천장이 낮은 방에서 수십 명의 나이 어린 노동자들이 하루 종일 일했지요. 그러다가 병이 들면 치료를 받기는커녕 그대로 공장에서 쫓겨나는 일이 대부분이었어요. 이렇게 비참한 상황을 바꾸고자 한 사람이 바로 전태일이지요.

전태일은 공장에서 노예처럼 일을 하는 어린 노동자들의 삶을 보고 견딜 수 없었어요. 그래서 노동법을 공부하기 위해 동료들과 공부 모임을 만들었지요. 노동법을 하나하나 배우다 보니 공장이 법을 지키지 않고 회사가 노동자를 노예처럼 부려 먹고 있다는 사실을 스스로 깨닫게 되었어요.

전태일은 노동자의 열악한 현실을 알리고 정부에 도움을 요청했지요. 하지만 정부는 이들의 외침을 무시했어요. 결국 전태일은 동료들과 법을 지키지 않는 회사와 정부에 항의하는 시위를 벌였어요. 경찰이 시위를 가로막자 자신의 몸에 기름을 붓고 스스로 불을 붙여 숨을 거두고 말았답니다. 이와 같은 전태일의 희생 덕분에 많은 사람들은 노동자들이 당시에 얼마나 비참하게 살고 있는지를 알게 되었어요. 이후 많은 노동자의 노력과 희생으로 오늘날 우리나라도 일하는 사람의 권리를 당당히 주장할 수 있는 사회가 되었지요.

일한 만큼 정당하게 대우받아야 해요

어른이 되면 누구나 직업을 갖게 돼요. 그리고 열심히 일하면서 그 속에서 보람을 느끼지요. 그런데 만약 직업을 구하는 것이 어려워 일할 수 없다면 경제적으로 어려울 뿐 아니라 일하는 즐거움을 느끼지 못해 불행한 삶을 살게 될 거예요. 또 일하는 환경이 좋지 않고 위험한 일을 하게 된다면 자신의 뜻과 상관없이 쉬지도 못할뿐더러 다칠 수도 있고, 강제로 일해야만 한다면 보람을 갖고 일할 수는 없을 거예요. 같은 일을 해도 다른 사람보다 임금을 적게 받는다면 일하는 보람이 전혀 생기지 않을 거고요. 그러므로 자신의 적성에 맞게 일을 하는 것뿐만 아니라 충분하고 적절한 휴식을 취해야 하는 것, 자신이 일한 만큼 정당한 임금을 받는 것도 모든 사람들이 누려야 할 중요한 인권이에요.

　세계인권선언은 일할 권리와 쉴 권리를 이야기하면서 특히 23조 4항에서는 '노동조합'을 조직할 권리를 이야기하고 있어요. 노동조합은 노동자가 자신들의 권리를 보장받으려고 만든 모임이에요. 한 사람이 회사에 이야기하는 것보다 여러 사람이 한목소리를 내 이야기하면 더 큰 힘이 발휘되지요. 그래서 회사나 공장에서 일하는 사람들은 함께 모여 노동조합을 만들고 목소리를 내면, 임금을 올리거나 일하는 환경을 더 좋게 만드는 데 큰 도움이 돼요. 이렇게 노동조합을 만들고 일하는 사람의 목소리를 모으는 것은 매우 중요한 인권이기 때문에 우리나라 법으로도 노동조합을 만들 권리를 보장하고 있어요.

뭐, 공연장이 없다고?

동수의 친구 진영이는 부모님 직장 때문에 지방으로 이사를 갔어요. 함께 놀 수 없는 아쉬움에 진영이와 동수는 종종 통화를 해요.

"거기는 어때? 친구들은 많이 사귀었어?"

"응, 학교도 마음에 들고 다 좋아. 그런데 여기는 서울처럼 공연장이 많지 않아서 아쉬워."

힙합 음악을 즐겨 듣는 진영이는 서울에서 살 때는 공연장에 자주 놀러 갔었어요. 하지만 지금 진영이가 살고 있는 곳에는 공연장이나 전시회장 같은 곳이 하나도 없대요. 극장을 가려고 해도 차를 타고 한참을 가야 한다네요.

"지방이라고 해서 제대로 된 공연을 볼 수 없는 건 너무 불공평한 거 아니야?"

동수는 제대로 된 문화 공연 하나 볼 수 없는 진영이의 사정이 속상하기만 해요. 누구라도 진영이처럼 원하는 문화생활을 누리지 못하면 속상할 거예요. 사람은 밥만 먹고 살 수 없잖아요. 문화를 누리며 살아가야 정말 인간답게 살 수 있고요. 원하는 노래를 듣고 원하는 영화를 보고 그림을 감상하고 책을 읽으면서 감동을 느끼는 것은 인간이 살아가는 데 중요한 부분이니까요.

문화생활을 누리는 것도 권리라고요?

자신의 생각과 느낌을 예술 작품으로 표현하는 것도 중요해요. 우리는 유명한 가수나 영화배우가 아니더라도 여러 가지 방법으로 다양한 예술 활동에 참여하고 있지요. 학교와 집에서 자신의 생각을 글로 쓰기도 하고, 다양한 느낌을 그림으로 나타내기도 해요. 기분이 좋으면 노래를 부르기도 하고, 연극에 참여하기도 해요. 대체로 재미 삼아 하기도 하지만, 어떨 때는 친구나 가족을 모아 놓고 공연을 하기도 하지요.

내가 직접 하지 않아도 구경할 만한 좋은 작품이 많은데, 왜 우리는 이런 일들을 스스로 할까요? 무언가를 새롭게 만드는 일은 인간이 가진 중요한 욕구예요. 이것을 '창조의 욕구'라고 하는데, 예술가가 아니더라도 모든 사람들은 이런 창조의 욕구를 가지고 있어요. 이렇게 사람들은 다른 사람의 예술 작품을 통해 감동을 받을 뿐만 아니라, 예술 활동을 통해 다양한 기쁨을 얻기도 하지요. 그래서 문화생활을 누릴 권리는 다양한 문화를 경험하고 자신만의 문화를 새롭게 만드는 권리를 포함해요.

그런데 만약 진영이처럼 지방에 산다는 이유로 이용할 만한 문화 공간이 없거나, 문화생활을 즐기는 데 돈이 너무 많이 든다면 제대로 된 문화생활을 누린다고 할 수 없어요. 이를 해결하기 위해 국가는 사람들이 쉽게 문화생활을 누릴 수 있도록 도움을 주어야 하죠.

카피라이트? 카피레프트?

자신이 훌륭한 예술가든 아니든 자신이 창작한 예술 작품이나 과학적인 발명 등에 대해서는 보호받을 권리를 가지고 있어요. 누군가의 노력으로 만들어진 예술품이나 과학적 업적은 그 사람의 수많은 노력으로 창조된 거예요. 이를 함부로 가져다 쓰거나 노력을 인정하지 않는 것은 그 사람의 창작 욕구를 파괴하는 범죄 행위라고 할 수 있어요. 이렇게 자신이 창작한 예술 작품이나 과학적 발명 등을 다른 사람으로부터 보호받을 권리를 다른 말로는 '저작권' 또는 '카피라이트'라고도 해요.

그런데 저작권인 카피라이트와 달리 '카피레프트'를 주장하는 사람들도 있어요. 이들은 세계 모든 사람들이 함께 누려야 할 예술 작품이나 과학적 발견을 특정 소수가 아니라 전 인류와 공유해야 한다고 주장하지요. 그

콕, 짚고 넘어가요!

카피라이트와 카피레프트

카피라이트가 창작자가 누릴 권리를 보장하는 데서 시작되었다면, 카피레프트는 정보나 프로그램, 과학이나 예술의 발전에 대한 혜택을 좀 더 많은 사람들이 누려야 한다는 생각에서 출발했어요. 1984년에 미국의 리처드 스톨먼이라는 사람이 카피레프트를 처음으로 주장했어요. 카피레프트를 주장하는 사람들은 특히 정보와 프로그램 등을 막대한 돈을 지불할 수 있는 기업이 독점해 사용하는 것에 반대해요. 좋은 기술과 정보를 누군가가 혼자 독차지하면 안 된다는 생각에서죠. 또한 여러 가지 정보와 기술을 서로 나누다 보면 더 좋은 기술과 정보가 모일 수 있다고 생각해요.

카피레프트는 카피라이트를 무조건 반대하자는 주장이 아니에요. 원작자의 노력을 인정하면서도 더 많은 사람들이 이용하고 발전시키도록 함께 공유하고자 주장하는 것이죠. 예를 들어 볼까요? 오늘날 전 세계 모든 사람들이 인터넷을 쉽게 이용할 수 있는 건 하이퍼텍스트라는 기술 때문이에요. 이 기술을 개발한 팀 버너스리가 만약 특허권을 주장했다면 엄청난 부자가 되었겠죠. 하지만 그는 모든 사람이 인터넷을 자유롭게 사용할 수 있어야 한다는 생각에서 자신의 기술을 모두 공개했어요. 소아마비 백신을 개발한 조너스 소크도 특허권을 주장하지 않고 백신 개발 방법을 무료로 공개했어요.

래서 이들은 자신이 개발한 프로그램의 내용을 무료로 공개하기도 하고, 자신이 만든 음악을 무료로 들을 수 있도록 공개하기도 해요. 어려운 연구를 통해 개발한 약품의 제조법을 공개해 모두가 값싸게 약을 살 수 있게도 하고요. 이들의 행동은 저작권을 주장하지 않는다는 의미에서 '카피레프트'라고 불러요.

그렇다면 카피레프트를 주장하는 사람은 저작권이나 창작자의 인권을 무시해도 된다고 말하는 것일까요? 아니에요. 카피레프트는 자신의 예술 작품이나 과학적 발견을 모든 사람들이 함께 나누어야 한다고 생각하는 것이지 창작하는 사람의 노력과 수고를 무시하자는 것이 아니에요. 이들은 오히려 스스로 창작물을 함께 나눔으로써 모든 사람들이 예술과 과학의 혜택을 좀 더 많이 누릴 수 있게 하여 결과적으로 사람들의 인권을 더더욱 보호하려는 사람들이지요.

공부하는 것도 인권이라고요?

"인권 중에는 교육권이 있어. 공부하는 것도 권리야, 권리!"
사회 시간에 선생님 말씀을 듣고 동수는 깜짝 놀랍니다.
'나는 맨날 억지로 공부하고 있는데 교육받는 게 어떻게 권리지? 정말 말도 안 돼.'
동수는 지금 다니는 학원만 세 개예요. 월요일부터 금요일까지 하루도 쉬지 못해요. 학원 숙제도 엄청 많고요. 학교 수업 시간에 학원 숙제를 하다가 선생님께 혼난 적도 있어요. 학원에서도 공부하고 학교에서도 공부하고 동수는 너무 힘이 듭니다. 그래서 동수는 '학생들에게 공부를 시키지 않는 나라는 없나?'라거나 '그런 나라로 이민 가고 싶다'는 상상을 해 봅니다. 이런 동수가 공부하는 것도 권리라는 선생님 말씀을 이해할 수 없는 것은 당연한 일이에요.

선생님의 말씀대로 교육받는 것도 인권일까요? 네, 맞아요. 누구나 적절한 교육을 받는 것은 매우 중요한 기본적인 인권 중 하나예요. 한국에 살고 있는 여러분에게는 이해가 안 되는 일일 수도 있지만, 세계 여러 나라에 살고 있는 어린이들 중에는 교육받을 권리를 제대로 누리지 못하고 살아가는 친구들이 많거든요.

여자아이는 공부를 시키면 안 된다는 이유로 학교에 못 가는 친구들도 있고, 집의 빚을 갚기 위해 교실에서 공부할 시간에 농장에서 고된 일을 해야 하는 아이도 있어요. 어떤 친구는 학교가 너무 멀리 떨어져 있어 학교에 가는 것 자체가 어려운 친구도 있지요.

이렇게 어린이가 배워야 할 시기에 제대로 배울 수 없다면 사회의 구성원으로 올바르게 자라기 어려울 거예요. 그리고 자신의 소질과 적성을 발견하고 성장할 기회를 갖지 못하겠죠. 그래서 세계 여러 나라에서는 초등학교까지 의무 교육을 시행해 누구나 초등학교에서 배우는 기초 교육을 받게 하고 있어요. 우리나라가 중학교까지 의무 교육을 하고 있는 이유도 여기에 있죠.

다섯 가지 교육받을 권리

다른 나라 친구들에 비해 우리나라 어린이들은 학교와 학원에서 공부를 할 수 있으니까 교육받을 권리를 충분히 누리고 있다고 생각해도 될까요? 그렇지 않아요. 배우고 공부할 권리란 단지 공부할 기회만 얻는 것을 말하는 것은 아니에요. 교육받을 권리는 크게 다섯 가지로 나뉘어요.

첫 번째로 '누구나 기초적인 교육을 받을 수 있는가?'예요. 앞에서 설명한 초등학교와 중학교 의무 교육이 여기에 해당하죠. 두 번째로 '쉽게 배울 수 있는가?'예요. 집에서 학교가 너무 멀리 떨어져 있거나 학교 이외에 정보를 얻고 지식을 쌓을 수 있는 도서관 등을 쉽게 이용할 수 없다면 제대로 된 교육을 받을 수 없기 때문이지요. 세 번째로 '편안하고 자유롭게 배울 수 있는가?'예요. 무섭거나 너무 딱딱한 분위기에서 억지로 공부하는 것이 아니라 즐겁고 자유롭게 배우는 게 중요하기 때문이죠. 네 번째로 시험공부나 대학 합격을 위한 공부뿐만 아니라 '세계 시민으로 살아가기 위한 태도, 다른 사람을 존중하는 마음가짐, 평화와 인권을 배우는 교육 등이 포함되어 있느냐?'도 매우 중요해요. 마지막으로 '나이에 맞는 내용과 분량으로 배우고 있는가?'예요. 초등학생이 억지로 중학교에서 배울 내용을 미리 배운다든지, 잠자고 놀 시간도 없이 여러 학원을 다니면서 공부하는 것은 인권을 보장받는다고 할 수 없어요.

1. 누구나 기초적인 교육을 받을 수 있는가?

2. 쉽게 배울 수 있는가?

학교가 너무 멀어요..

3. 편안하고 자유롭게 배울 수 있는가?

4. 세계 시민으로 살아가기 위한 교육이 포함되어 있는가?

5. 나이에 맞는 내용과 분량으로 배우고 있는가?

환경은 전 세계의 문제래요

"황사와 미세 먼지 때문에 밖에 나가기가 무서워요."

"이제 물도 마음 놓고 마시지 못하게 되었어요."

"아토피 피부염이 심해져 견딜 수가 없어요."

이런 이야기를 들어 봤을 거예요. 그만큼 우리가 사는 환경이 나빠지고 있다는 말이죠. 오랜 시간 동안 사람들은 과학을 발달시키고 자연을 개발해 왔어요. 그에 따라 사람들은 편리한 생활을 할 수 있게 되었지요. 하지만 부작용도 생겨났어요. 인간만을 생각하는 과학의 발달과 자연 개발은 다른 동식물에게 해를 입히는 자연 파괴를 가져왔지요. 결국 환경 오염은 이제 인간에게도 피해를 주고 있어요.

게다가 환경 오염의 문제는 단지 한 나라 한 지역만의 문제가 아니에요. 예를 들어 황사나 미세 먼지 같은 경우를 보면 우리나라 안에 있는 화력 발전소나 공장 매연 등을 줄인다고 완전히 해결되지 않아요. 왜냐하면 중국에서 불어오는 황사 바람과 미세 먼지는 우리나라 환경에도 큰 영향을 주기 때문이에요. 또 핵무기처럼 많은 사람의 생명을 위협하는 무기는 한 나라를 뛰어넘어 지구 전체를 위협하기도 해요. 그래서 환경 문제는 한 나라만의 문제가 아니라 전 세계의 문제랍니다.

스톡홀름 선언은 무엇인가요?

세계 여러 나라가 환경 문제를 함께 해결해야 한다는 생각을 하게 된 것은 당연한 일이에요. 그래서 세계 113개국의 대표들은 1972년 6월에 스웨덴의 수도 스톡홀름에서 열린 유엔인간환경회의에서 '인간환경선언'을 선포했어요. 이를 '스톡홀름 선언'이라고도 부르지요.

이 선언의 첫 번째 기본 원칙을 살펴보면 이 선언이 이야기하는 환경권이 명확하게 드러나 있어요.

인간은 품위 있고 행복한 생활을 가능하게 하는 환경 속에서 자유, 평등과 적당한 수준의 생활 보건을 향유할 기본적 권리를 가지며, 현 세대 및 다음 세대를 위해 환경을 보호, 개선할 엄숙한 책임을 진다. 이 점에서 인권 차별, 인권 분리, 차별 대우, 식민 정책 및 그 밖의 형태의 억압이나 외국 지배를 영속화하려고 하거나 추구하는 정책은 규탄되어야 하며 배척되어야 한다.

　인간환경선언은 모든 인간이 행복하게 생활할 수 있는 환경에서 자유롭고 평등하게 살아가야 할 권리가 있다고, 이 환경을 다음 세대의 후손에게 물려줄 책임이 있다고 분명히 이야기하고 있어요. 또한 이 선언은 환경 문제 해결을 위해서는 개인의 의지와 실천을 넘어 국가의 책임과 국가 간의 협력이 중요하다는 점을 분명히 밝히고 있어요. 그럼으로써 환경 문제는 인류 모두가 함께 해결해야 하는 과제라고 못 박고 있지요.

　인간환경선언이 선포된 지 40여 년이 지난 지금, 환경 보호에 대한 전 세계 사람들의 약속은 얼마나 지켜지고 있을까요? 전 세계 사람들이 환경 문제에 대해 함께 노력해야 한다는 데에는 모두 공감하지만, 사실 눈에 띄는 구체적인 노력은 거의 없다시피 해요. 지구 온난화의 여파로 많은 나라가 가뭄과 홍수 같은 이상 기후 현상에 고통받고 있지만, 여전히 개발을 위한 환경 파괴는 계속되고 있어요. 심지어 강대국 중에는 자신들 나라의 이익을 위하여 환경과 관련한 협정에서 탈퇴하는 나라도 있어요. 하지만 그만큼 각 국가들의 환경 파괴를 비판하고 환경 정책을 적극적으로 개선

할 것을 요청하는 전 세계 사람들의 목소리도 끊이지 않고 계속되어 온 것도 사실이지요.

환경 오염을 피부로 느끼고 있는 요즘 시대에 우리에게 가장 중요한 것은 인간뿐만이 아니에요. 모든 동식물이 함께 살아가고 있는 '지구'라는 가장 소중한 환경을 보존하고 지켜 내는 것의 중요성을 잊으면 안 돼요. 그리고 이를 위해 모든 국가와 전 세계 인류가 공동 책임이 있음을 소리 높여 이야기하는 것도 멈추지 말아야 하죠. 이렇게 전 세계가 공동의 문제인 환경 문제를 해결하기 위한 노력을 멈추지 않는다면, 모든 인류와 생명들이 지구에서 행복하게 살아가는 미래를 꿈꿀 수 있을 거예요.

우리 동네에는 어떤 문화 공간이 있나요? 그리고 충분히 문화 생활을 누리고 있나요? 우리 동네 문화 공간의 인권 점수를 매겨 봐요.

실천 하나 우리 동네에 얼마나 많은 문화 공간이 있는지 살펴봐요. 특히 놀이터, 극장, 영화관, 전시 공간, 연습실 등은 얼마나 있는지 살펴보세요.

실천 둘 찾아본 문화 공간을 이용하기에 너무 비싸지 않은지, 찾아가기는 편리한지, 누구나 즐길 수 있는지 살펴봐요.

실천 셋 특히 어린이와 청소년처럼 문화생활을 하기 어려운 사람들이 쉽게 이용할 수 있는지도 점수를 매겨 봐요.

서울에 있는 어린이대공원에는 '어린이운영위원회'란 제도가 있어요. 청소년 문화 센터 대부분에는 어린이와 청소년이 직접 참여해 목소리를 낼 수 있는 '청소년운영위원회' 제도도 있지요. 이런 제도들은 어린이의 목소리를 듣고 어린이에게 꼭 필요한 문화 공간으로 만들기 위해 만들어졌어요. 우리 마을의 문화 공간에는 어떤 제도가 있는지도 살펴보세요.

제5장

어린이와 청소년을 위한 권리

앞서 누누이 이야기했어요. 인권은 모든 사람들에게 필요한 권리다. 그렇다면 어린이와 청소년도 당연히 인권을 보장받아야겠죠? 어린이와 청소년 역시 한 사람의 인간이기에 당연히 인권을 보장받아야 해요. 어쩌면 사회적으로 약자인 어린이와 청소년이야말로 더더욱 인권을 보장받아야 할지도 몰라요. 하지만 어린이와 청소년은 어리다는 이유만으로 무시당하는 경우가 많아요. 그렇다면 어떻게 해야 할까요? 어른이 될 때까지 기다려야 할까요? 아니면 적극적으로 인권을 배우고 인권을 지키려고 노력해야 할까요?

어린이와 청소년 인권

어린이와 청소년에게도 인권이? 당연한 소리!

"어린이와 청소년에게도 인권이 있어요?"라는 질문에는 이미 정답이 정해져 있어요. 모든 사람들이 누려야 할 인권이니 당연히 어린이와 청소년의 인권도 보장받아야 하지요. 그런데 현실에서는 어린이와 청소년의 인권이 존중받는 경우가 많지 않아요. "어린이와 청소년도 사람으로 존중받나요?"라고 물어보면 고개를 갸웃거리는 친구들도 많을 거예요.

전쟁에서 가장 많은 피해를 입는 사람들이 바로 어린이예요. 그리고 가뭄이나 굶주림에 가장 먼저 고통받는 사람들도 바로 어린이고요. 어린이와 청소년이 어른보다 더 몸이 약하기 때문이지요.

대부분의 인권 침해는 사회적 약자들이 당하는 경우가 많아요. 그래서 어린이와 청소년의 인권은 가장 많이 침해받을 수 있고, 가장 먼저 이야기되고 보장받아야 하는 권리이기도 해요. 우리나라에서도 많은 법을 만들어 어린이와 청소년이 보호받도록 노력하고 있어요. 그런 의미에서 우리 사회의 어린이와 청소년은 많이 보호받고 있다고 할 수 있어요. 하지만 그것만으로 어린이와 청소년이 제대로 존중받는다고는 할 수 없어요.

"너는 어려서 몰라도 돼!"

"어른이 말하면 그대로 따라야지 어디서 말대꾸니?"

"이게 다 너희를 위해서 결정한 일이야."

어른들이 여러분에게 이런 말을 하면 기분이 어떤가요? 무시당한 것 같아 기분이 안 좋은가요? 아니면 "우리는 어리니까 어른들이 그런 말을 하는 건 당연해."라고 생각하나요? 어른들이 이런 이야기를 하는 이유는 여러분이 어른보다 나이가 어리고 경험이 부족해서 판단하거나 행동하는 데 서툴다고 생각하기 때문이지요. 물론 여러분은 어른보다 나이가 어리고 그에 따라 경험도 부족해요.

그런데 나이가 많아지면 저절로 경험이 늘까요? 나이가 많아지면 모든 일이 능숙해질까요? 꼭 그렇지는 않아요. 어른이 되어도 자기가 직접 요리하거나 설거지하거나 빨래해 본 적 없는 사람이 많아요. 나이가 많다고 해도 판단하고 행동하는 데 여전히 서툰 사람도 있고요. 반면, 나이가 어리더라도 깊이 있는 생각을 하는 사람도 많아요.

충분히 경험해 볼 기회가 필요해요

　서툶과 능숙함의 차이를 만드는 것은 나이가 아니에요. 중요한 것은 경험해 볼 기회가 많았느냐 적었느냐지요. 그런데 "어리니까 너희가 하면 안 돼."라거나 "이건 어른이 할 일이야."라며 경험할 기회조차 주지 않으면 능숙해지지 않는 것은 당연한 일이죠. 실패하더라도 시도를 많이 할 수 있도록 어린이와 청소년에게 충분히 경험해 볼 기회를 주어야 하고, 어른은 이러한 시도를 존중해 주어야 해요.

　그런데 "너희는 몰라도 돼."라거나 "어른의 말은 무조건 따라야 해."라는 식으로 어린이와 청소년이 참여할 기회를 막는다면, 어린이와 청소년이 사회에서 중요한 역할을 할 수 있는 기회를 빼앗는 것이지요. 그래서 어린이와 청소년의 권리 가운데 매우 중요한 권리가 바로 '참여할 권리'예요. 어린이와 청소년이 자신과 관련한 일에 대해 의견을 표명하고, 그 일에 직접 참여하는 경험을 얻고, 그 속에서 자신의 권리와 인권을 누리게 하는 것은 어린이와 청소년을 인권 침해로부터 보호하는 것만큼 매우 중요한 일이랍니다.

　우리나라처럼 오랫동안 예절을 중시해 온 사회에서는 나이 어린 사람들이 자신의 목소리를 내는 것을 버릇없는 짓이라고 생각해 왔어요. 하지만 예절은 나이가 많은 사람이 나이가 어린 사람에게 함부로 해도 되는 것이 아니에요. 예절이란 서로를 존중하기 위한 약속이에요. 그런 의미에서 나

이가 많다는 이유로 나이가 어린 사람들의 정당한 요구를 무시한다면 그것이 더 예절에 어긋난 일이 아닐까요?

어린이도 이미 한 사람의 인간

어린이와 청소년의 인권은 폭력으로부터 자신의 생명을 존중받고 여러 위험으로부터 보호받아야 하는 것에 그치지 않아요. 스스로 참여하고 결정할 권리는 물론, 한 사람의 동등한 인간으로 존중받을 권리를 모두 포함하지요. 그리고 이 모든 권리를 보장받을 때 비로소 어린이와 청소년의 인권이 보장되고 있다고 할 수 있답니다.

어린이와 청소년의 인권은 가정에서 자신의 생각과 의견을 존중받는 것에서 시작해요. 그리고 학교에서 학급이나 학교 대표가 되고 학교의 규칙이나 운영에 참여할 수 있는 권리, 나아가 어린이와 청소년이 살고 있는 도시나 나라의 정책에 자신의 생각과 의견을 반영할 수 있는 권리까지 보장받는 것이에요. 물론 어린이의 의견과 생각이 올바르지 않거나 서툴 수 있어요. 하지만 가정에서 학교에서 그리고 사회에서 여러 차례 참여하면서 실패와 성공을 경험해 본다면, 어린이와 청소년도 한 사람의 몫을 당당히 해낼 수 있을 거예요. 최근 여러 지방 자치 단체에서 어린이 청소년 참여 위원회를 만들어 어린이와 청소년의 목소리를 듣기 시작한 이유도 바로 이 때문이지요.

> 어린이는 비로소 인간이 되는 것이 아니라 이미 하나의 인간이다.

이는 폴란드의 의사이자 고아원 원장이기도 했던 야누시 코르차크가 한 말이에요. 어린이와 청소년의 인권을 보장한다는 것은 야누시 코르차크의 말처럼 어린이와 청소년을 한 사람의 인간으로 존중하는 것에서 시작됩니다.

콕, 짚고 넘어가요!

어린이의 친구, 야누시 코르차크

야누시 코르차크가 운영한 '고아들의 집'에는 어린이들이 스스로 운영하는 법정이 있어 어린이들 사이에서 생긴 문제를 스스로 해결하게 했어요. 선생님들과 생긴 문제라면, 선생님을 법정에 세울 수도 있었어요. 또 그는 《작은 비평》이라는 잡지를 만들었는데, 이 잡지는 어린이들이 보내오는 글로 만든 최초의 잡지예요. 그는 이렇게 어린이의 인권 보장을 중요하게 생각했고, 어른처럼 어린이의 권리와 자유가 보장받아야 한다고 주장했어요. 그래서 그가 일하던 곳의 모든 선생님들은 어른과 어린이를 똑같이 존중하는 원칙을 지켜 나갔지요.

유엔아동권리협약과 학생 인권 조례

탕탕탕! 유엔아동권리협약을 채택합니다!

1948년에 세계인권선언이 만들어질 때만 해도 어린이와 청소년의 인권에 대한 고민은 부족했어요. 하지만 어린이와 청소년도 하나의 인간이며 어린이도 어른과 똑같이 존중받아야 한다는 사람들의 목소리가 차츰 모이기 시작했어요. 거기에 인권 단체와 인권 활동가의 노력과 관심이 더해지자 1989년 11월 20일 유엔 총회에서는 만장일치로 유엔아동권리협약을 채택했어요.

유엔아동권리협약은 지금까지 어린이와 청소년을 단순히 보호의 대상으로 바라본 것에서 벗어나 어린이와 청소년을 스스로 권리를 누려야 하는 주인공으로 보았다는 점에서 그 의의가 매우 커요. 이 협약은 현재까지

196개국이 협약을 이행하겠다고 약속했고, 우리나라 정부도 1991년에 이 협약을 성실히 이행하겠다고 약속했어요. 현재 우엔 193개 가입국 가운데 유엔아동권리협약에 가입하지 않은 나라는 미국이 유일해요. 미국에서는 주마다 법이 다른데, 18세 미만 청소년을 사형할 수 있는 법이 있는 주가 여전히 있어서 이를 반대하는 유엔아동권리협약에 가입하지 못하기 때문이지요.

유엔아동권리협약을 잘 살펴보면 크게 '생존의 권리', '보호의 권리', '발달의 권리', '참여의 권리'로 나눌 수 있어요. 먼저 '생존의 권리'는 18세 미만 어린이와 청소년이 자신의 생명을 보장받고 충분한 영양을 섭취하며 자랄 권리를 말해요. '보호의 권리'는 모든 형태의 학대와 폭력, 고문 등으로부터 우선적으로 보호받을 권리를 말하지요. '발달의 권리'는 어린이와 청소년이 자신의 능력을 최대한 발휘할 수 있도록 충분한 교육과 휴식, 문화 생활을 누릴 권리예요. 마지막으로 '참여의 권리'에는 어린이와 청소년이 자신과 관련한 일에 참여하고 의견을 낼 권리, 자신의 생각을 표현하고 모임을 가질 권리, 종교를 선택할 자유 등을 포함하고 있어요.

또한 이 협약을 비준한 모든 국가는 유엔아동권리협약 내용을 지키려는 최대한의 노력을 해야 해요. 특히 5년마다 유엔아동권리위원회에 자기 나라의 어린이 청소년 인권 상황에 대한 국가 차원의 보고서를 제출해야 하죠. 이에 따라 우리나라도 어린이 청소년 인권 현실을 개선하는 데 국가가 책임지고 노력하고 있어요.

우리부터 유엔아동권리협약을 읽어 봐요

유엔아동권리협약을 약속한 나라라고 실제로 어린이와 청소년의 권리를 보장하는 나라라고 말할 수는 없어요. 우리나라나 중국, 일본처럼 유교적 가치를 중요하게 생각했던 나라에서는 여전히 어린이와 청소년의 권리에 대해 이야기하는 것을 버릇없는 일로 생각하기도 하죠. "매를 아끼면 자식을 망친다."는 옛날식 생각을 고집하는 사람도 적잖게 있고요. 그러다 보니 실제로 어린이와 청소년의 권리를 보장받는 데는 좀 더 시간이 필요해요.

하지만 어린이와 청소년이 사람으로서 존중받아야 한다는 생각을 가진 사람들이 점점 늘어나고 있어요. 어린이 청소년 스스로도 자신의 권리에 대해 관심을 갖는 친구들이 많이 늘어나고 있고요. 이렇게 어린이와 청소년의 권리에 대해 계속 관심과 노력이 이어진다면, 우리나라의 어린이와 청소년 인권 보장의 수준도 높아질 거예요.

그런 의미에서 여러분이 자신의 권리인 유엔아동권리협약을 읽어 보는 것은 매우 중요해요. 국제 연합, 즉 유엔 특별 기구인 유니세프 한국위원회에 정리된 내용을 꼼꼼히 읽어 보세요.(https://www.unicef.or.kr/education/outline_01.asp) 그리고 부모님과 선생님을 비롯한 어른들에게 이 유엔아동권리협약을 꼭 보여 주세요. 어린이와 청소년의 권리에 대해 이야기하는 사람들이 많아질수록 어린이와 청소년이 존중받는 세상이 더욱 빨리 올

테니까요.

학생 인권 조례는 또 뭐예요?

학생 인권 조례는 학생의 인권을 보장하기 위해 만든 조례를 말해요. 조례란 시나 도 또는 구와 같은 지방 자치 단체에서 정하는 법을 말합니다. 즉 학생 인권 조례는 국가가 만든 법은 아니지만, 지방 자치 단체에서 학생의 인권을 보장하기 위해 만든 법이라고 할 수 있어요. 그렇다면 학생 인권 조례는 왜 만들어졌을까요?

우리나라는 1991년에 유엔아동권리협약에 가입했지만 어린이와 청소년의 인권은 여전히 제대로 존중받지 못했던 것이 사실이에요. 특히 학교에 다니는 학생들은 "배워야 하기 때문에, 대학에 합격해야 하기 때문에 공부가 우선이니까." 같은 이유로 제대로 된 권리를 인정받지 못했지요.

여전히 학교에서는 교육을 위해 어쩔 수 없다는 이유로 체벌이 남아 있었고, 학생들의 성적이 공개되기도 했으며, 성적이나 성별 등으로 차별을 당하는 경우도 많았어요. 학교에 어린이회나 학생회가 있어도 대부분 이름만 있을 뿐 제대로 학생들의 의견을 소리 높여 말할 수 없는 상황이었지요. 이런 현실에서 어린이 청소년 인권에 대해 목소리를 높여 온 우리나라의 여러 인권 단체는 학교에 다니는 어린이와 청소년의 인권을 보장하기

위한 구체적인 내용이 만들어져야 한다는 생각을 하게 되었어요.

경기도에서 시작한 학생 인권 조례

이러한 고민과 문제를 해결하기 위해 첫 단추를 끼운 곳은 바로 경기도였어요. 2009년 경기도교육감 선거에 출마한 후보 가운데 공약으로 학교에서 유엔아동권리협약을 제대로 이행할 수 있는 법을 만들겠다고 주장한 사람이 있었어요. 그리고 선거 결과, 이 공약을 내세운 후보가 교육감에 당선되면서 2010년 9월에 학생 인권 조례가 만들어지지요. 경기도 학생 인권 조례는 우리나라 최초의 학생 인권 조례가 되었어요.

경기도에서 이렇게 학생 인권 조례를 만들자 서울특별시에서도 학생 인권 조례를 만들어야 한다는 목소리가 높아졌어요. 서울에서는 시민들이 스스로 힘을 모아 조례를 위한 운동을 시작했고, 학생들과 시민들 그리고 청소년 단체의 노력으로 2012년에 '서울특별시 학생 인권 조례'가 만들어졌지요.

이렇게 되자 전국적으로 학생 인권 조례를 만들기 위한 운동이 일어났어요. 2012년에 광주광역시도 학생 인권 조례를 만들었고, 2013년에는 전라북도가 학생 인권 조례를 만들었어요. 이외에도 여러 시·도에서 학생 인권 조례를 제정하려는 움직임이 활발히 일어나고 있답니다.

조례 제정에 그쳐서는 안 돼요!

학생 인권 조례는 학교에서 학생의 인권을 보장하기 위해 만들어진 법이라는 점에서 매우 중요하지만, 안타깝게도 여러 가지 한계에 부딪혔어요. 조례의 내용을 살펴보면 분명히 인권의 문제임에도 학교장이 허가하지 않으면 보장받지 못하는 권리가 여전히 있어요. 그리고 조례의 내용을 지키지 않는다고 특별히 처벌받는 것도 아니에요. 그러다 보니 학생 인권 조례가 있는 지역의 학교에서도 학생 인권 조례의 내용이 잘 지켜지지 않는 경우가 많아요.

게다가 학생 인권 조례가 무슨 내용인지조차 제대로 확인하지 않고 학생 인권 조례가 그저 학생이 마음대로 할 수 있게 방치하는 악법이라고 생각하는 어른이 여전히 많아요. 사실 학생 인권 조례에 있는 인권의 내용은 유엔아동권리협약과 대한민국 헌법에 있는 내용을 학생들이 실제 학교에서 어떻게 누릴 수 있는지에 대해 좀 더 구체적으로 정해 놓은 것인데 말이에요. 이에 인권 단체나 청소년 단체에서는 조례의 차원을 넘어 국가가 법으로 학생의 권리를 보장하고 학생 인권 침해를 막을 수 있는 학생 인권법을 만들려는 움직임도 생겨나고 있어요.

학생들도 학생이기 이전에 한 사람의 인간인 만큼 인간으로서 마땅히 존중받아야 해요. 학생 인권 조례는 학생의 인권을 보호하기 위한 최소한의 약속이에요. 최소한의 약속을 지키려면 먼저 많은 사람이 아는 것이 중요해요. 이 책을 읽고 있는 여러분이 먼저 학생 인권 조례에 대해 관심을 갖고 학생이 어떤 권리를 누려야 하는지 알아야 해요. 국가법령정보센터 (http://www.law.go.kr)를 이용하면 학생 인권 조례의 자세한 내용을 볼 수 있어요. 그리고 학생의 권리에 대해 목소리를 높이면 높일수록 우리 사회의 인권이 더욱더 보장될 수 있다는 사실도 잊지 않았으면 해요.

인권을 아는 것도 권리라고요?

"아는 것이 힘이다."라는 격언을 들어 봤죠? 아무것도 모르는 것보다는 무엇이든 더 알고 있는 것이 힘이 된다는 말이에요. 인권에서도 마찬가지입니다. 우리가 인권에 대해 아무것도 알지 못한다면 우리의 인권이 침해당하고 있는지 우리가 보장받아야 하는 인권이 무엇인지도 몰라요. 또 내가 하는 말이나 행동이 다른 사람을 차별하거나 다른 사람의 인권을 침해하는 일인지 아닌지도 알 수 없어요. 그래서 인권을 아는 것은 매우 중요해요. 이 때문에 인권을 아는 것도 인권이라고 합니다. 인권을 교육받는 것 자체가 권리라는 말이지요.

1994년 유엔 총회에서는 1995년부터 2004년까지를 '인권 교육을 위한

10년'으로 선포했어요. 이로써 인권을 배우는 것이 하나의 권리이며 인권 교육을 국가가 책임져야 한다는 것을 명확히 한 셈이지요. 이후 유엔에서는 세계 인권 교육 프로그램을 마련해 2005년부터 2015년까지 유엔에 가입한 각 나라에서 인권 교육을 구체적으로 시행할 것을 요구했어요.

인권을 교육받는 것은 무엇인가요?

그렇다면 인권을 교육받는다는 것은 구체적으로 어떤 것일까요? 먼저 인권에 대해 알아야 하죠. 모든 사람이 왜 인권을 보장받아야 하는지, 사람들이 누려야 할 권리들에는 무엇 무엇이 있는지, 이를 위해 전 세계가 약속한 것에는 무엇이 있는지, 나아가 우리나라에서 인권을 위해 만든 법에는 무엇이 있는지를 아는 것까지를 다 포함해요. 이렇게 인권에 대해 잘 알아야 내 인권이 무엇이고 다른 사람의 인권이 무엇인지 제대로 알 수 있지요.

두 번째로 인권을 보장받고 지키려면 어떻게 해야 하는가를 배우는 거예요. 생활하면서 내가 느끼는 불편함이나 억울한 일이 인권의 문제인지 살펴보고, 이 문제를 해결하기 위해 실제로 어떤 일을 할 수 있는지를 배우는 것, 다른 사람이 인권 침해를 당하고 있을 때 어떻게 함께 힘을 모으고 다른 사람들에게 이 사실을 알릴 수 있을지 알아보는 것, 그리고 인권 침해를 해결하기 위해 도움을 청할 우리나라 정부 기관은 어디인지, 인권 침해 해결을 요청하는 방법에는 무엇이 있는지, 인권을 침해하는 사람을 발견하면 어떻게 이야기해야 하는지 등을 배우는 것이 여기에 해당해요. 이렇게 인권 문제를 해결하기 위한 방법을 배우는 것은 단지 인권 문제에 대해 알기만 한다고 해서 인권 침해가 해결되지 않기 때문이지요.

마지막으로 인권적인 환경에서 인권 교육을 받는 거예요. 아무리 인권 교육이 필요하더라도 단순히 암기하게 하거나, 강제로 시키는 교육이 되어서는 안 되죠. 수십 명의 사람들을 모아 놓고 지루하게 교육하거나 자신의 권리를 제대로 알 수 있도록 상세하게 안내하지 않으면 그것은 인권 교육이라고 말할 수 없어요. 그래서 교육을 받더라도 충분한 휴식과 편안하고 평화로운 분위기에서 시행되어야 하고, 스스로 인권에 대해 깨달을 수 있도록 도와줄 수 있는 교육이어야 해요.

잘 모르는 권리는 배워야 해요

최근 인권 교육의 중요성이 많이 이야기되고, 학교에서도 인권 교육을 하고 있어요. 인권 교육을 받는 것이 학생의 중요한 권리 중 하나라는 생각이 점점 늘어나고 있지요. 하지만 여전히 인권 교육을 그냥 인권에 대해 공부하면 된다고 생각하는 사람들도 많아요. 제대로 된 인권 교육을 하려면 인권이 무엇인지, 내 인권에는 무엇이 있는지, 나와 다른 사람의 권리가 침해되었을 때는 어떻게 해결할 수 있는지 배워야 해요. 그리고 인권을 배우는 그 순간에도 평화롭고 인권적인 환경에서 배우고 있는지를 잘 살펴보아야 하지요.

인권을 아는 것은 당연한 권리예요. 잘 모르는 권리에 대해서는 누구든 배울 수 있어야 해요. 여러분이 인권에 대해 제대로 알면 알수록 세상의 인권 문제에 대해 예리한 눈으로 살펴보고 문제를 해결해 가는 사람들이 늘어날 거예요. 그리고 그럴수록 우리나라의 인권 문제도 쉽게 해결될 수 있어요.

콕, 짚고 넘어가요!

인권 교육을 받아 봅시다!

인권 교육이 무엇이고 어떻게 이루어지는지 궁금하다면 국가와 시·도 교육청에서 운영하는 인권 교육 기관의 웹사이트를 방문해 알아보는 것도 좋답니다.

- 국가인권위원회 인권교육센터 http://edu.humanrights.go.kr
- 서울특별시교육청 학생인권교육센터 http://studentrights.sen.go.kr
- 경기도교육청 경기학생인권의광장 https://edup.goe.go.kr
- 광주광역시교육청 민주인권교육센터 http://human.gen.go.kr

인권 보장을 위한 우리의 실천

우리의 목소리를 들어 주세요!

"인권을 보장하는 것은 국가나 사회가 하는 것이니까 우리가 할 일은 별로 없지 않나요?"라고 묻는 친구도 있을 거예요. 또 "인권 문제를 해결하기 위해 사람들이 힘을 모아야 한다는 것은 이해했지만 어떻게 해야 할지 모르겠어요."라고 말하는 친구도 있을 수 있어요.

인권 문제를 해결하기 위해 어린이와 청소년이 직접 할 수 있는 일은 없을까요? 물론 있지요. 여러분의 용감한 행동과 관심으로 인권 문제가 바로 해결되지 않을 수도 있지만, 여러분 스스로 목소리를 내고 세상을 변화시키기 위한 노력을 많이 하면 할수록 세상은 좀 더 여러분의 인권에 대해 귀를 기울이게 될 거예요. 그 예들을 이제부터 살펴볼게요.

여러분 학교에는 어린이가 만든 어린이 인권 선언문이 있나요? "인권에 대해 잘 알지도 못하는데 인권 선언문을 우리가 만든다고요?"라며 의아해할 친구도 있겠지만, 서울에 있는 한 초등학교에는 학생들이 직접 만든 어린이 인권 선언문이 있습니다.

2016년 5월 5일 어린이날을 맞이해 만들어진 이 인권 선언문은 학교와 가정에서 보장받아야 할 어린이 인권에 대해 모두 16개의 항목으로 보여 주고 있어요. 선언문을 만들기 위해 전교 학생회는 1학년부터 6학년 아이들 모두에게 학교와 집에서 보장받고 싶은 인권에 대해 설문 조사를 하고, 비슷한 내용을 정리해 선언문의 기초안을 만들었어요. 그리고 기초안을 바탕으로 전교 학생회에서 최종 회의를 걸쳐 인권 선언문을 만들었지요. 선언문의 내용을 살펴보면 다음과 같아요.

- 우리 모두는 소중한 존재로 자신의 인권을 존중받아야 해요.
- 우리 모두는 깨끗하고 안전한 학교에서 생활할 권리가 있어요.
- 우리 모두는 쉬는 시간과 놀이 시간에 안전한 공간에서 충분히 놀고, 쉴 권리가 있어요.
- 우리 모두는 다양한 방식의 공부를 통해 흥미롭고 재미있게 배울 권리가 있어요.

◉ 우리 모두는 정규 수업 이외에 과외, 학원 등 과도한 공부를 강요당하지 않을 권리가 있어요.
◉ 우리 모두는 실수해도 비난을 받지 않고 격려를 받을 권리가 있어요.

이 선언문을 만들 수 있었던 것은 이 학교 어린이들이 진지하게 목소리를 내었기 때문이에요. 그리고 학교 선생님들도 어린이의 목소리를 들어주려고 했기 때문에 가능했지요. 여러분 학교에는 인권 선언문이 있나요? 만약 없다면 여러분 스스로 인권 선언문을 만들어 보면 어떨까요?

인권을 침해하는 현실을 고발해요

인권 문제를 해결하기 위해 편지나 글을 보낼 수도 있어요. 2016년, 경기도에 있는 한 박물관에는 어린이가 어른과 동행하지 않으면 관람할 수 없는 규정이 있었어요. 이를 모르고 박물관을 갔던 초등학생 4명은 박물관 입구에서 되돌아올 수밖에 없었지요. 하지만 이 친구들은 이 문제를 스스로 해결하기로 마음먹었어요. 그래서 이 박물관 홈페이지에 어른과 함께 오지 않았다는 이유로 박물관 입장을 막은 것에 대해 항의하는 글을 썼습니다. 이렇게 시작한 항의하는 글은 많은 사람들로부터 지지를 받았고, 그 결과 박물관 관장은 홈페이지에 사과하는 글을 올리고 잘못된 규정을 바꾸었지요. 이렇게 인권 침해라고 생각하는 문제에 대해 게시판에 글을 올리거나 책임자에게 편지를 보내는 것도 문제를 해결하는 효과적인 방법 중 하나예요.

또 시청이나 구청 등에 있는 시민참여위원회에 참가할 수도 있어요. 우리나라의 시청이나 구청에는 어린이와 청소년이 참여할 수 있는 여러 가지 기구가 마련되어 있어요. 이러한 기구는 명칭은 제각각이지만 기본적으로 하는 일은 시와 구에 바라는 어린이와 청소년의 목소리를 듣는 일이에요. 우리가 사는 동네에는 어떤 어린이 참여 기구가 있는지 살펴보고, 여기에 적극적으로 참여하는 것도 어린이와 청소년 인권 문제를 해결하는 방법 중 하나지요.

인권은 누군가가 해결해 주는 게 아니에요

인권 단체의 회원이 되거나 후원하는 것도 방법이에요. 우리나라에는 세계적으로 유명한 인권 단체뿐만 아니라 우리나라 인권 문제를 위해 노력하는 여러 인권 단체가 있어요. 그중에는 어린이와 청소년의 인권을 위해 노력하는 단체도 있지요. 이런 단체에 회원으로 가입할 수도 있고, 활동을 적극적으로 하기 어려우면 정기적으로 얼마만큼의 돈을 후원하면서 활동을 도울 수도 있어요. 인권 단체 중에는 국가의 지원을 받지 않아 활동하는 데에 필요한 돈이 부족한 곳도 있어요. 용돈을 아껴 이러한 단체에 후원하는 것도 인권 문제를 해결하는 데 참여하는 한 가지 방법이 될 수 있어요.

평화적인 집회에 참여하는 것도 한 가지 방법이지요. 지난 2016년부터 2017년까지 우리나라의 많은 사람들이 민주주의를 위해 촛불을 들고 거리에 나왔어요. 그리고 이 집회는 수십만 명이 모였음에도 평화로웠어요. 그리고 이때 초등학생도 많이 참여하고 자신의 생각을 수많은 사람들 앞에서 당당히 밝혀 눈길을 끌었죠. 이러한 평화로운 집회에 참여해 인권 문제에 대해 목소리를 높이는 것도 인권 문제를 해결하는 데 크게 도움이 된답니다.

인권 문제는 누군가가 대신 해결해 주는 것이 아니에요. 문제를 깨닫고 함께 해결해야 한다는 사람들의 목소리가 모여야 해결될 수 있어요. "초등학생이 어떻게 해결해."라고 처음부터 단정 짓지 말고, "초등학생이 할 수 있는 일은 없을까?"라고 생각해 보고 작은 일이라도 시도해 보려는 노력을 해 봐요. 그러한 노력이 모이면 우리나라가 좀 더 인권을 보장받는 나라가 되는 데 매우 소중한 힘이 될 거예요.

인권에 대해 좀 더 알고 싶고 주변의 인권 문제를 해결하는 데 힘을 보태고 싶은데 어떻게 해야 할지 잘 모르겠다고요? 그럼 인권 동아리에 참여해 보는 것은 어떨까요?

실천 하나 우리 학교에 인권 동아리가 있는지 찾아보고 가입해 인권에 대해 좀 더 배워 봐요.

실천 둘 학교에 인권 동아리가 없으면 가까운 친구들과 인권을 생각해 보는 동아리를 직접 만들어 봐요. 처음부터 거창한 일을 벌이는 것이 아니라 학교와 집에서 생활하면서 느껴지는 인권 문제를 해결하기 위한 방법을 함께 찾아가는 것부터 시작하면 돼요.

실천 셋 여러분의 권리를 존중해 주는 선생님이 계시다면 동아리 활동을 위해 도움을 요청해요.

인권 동아리에서는 무엇을 할 수 있을까요?

먼저 인권에 대한 책을 읽고 이야기를 나눌 수 있어요. 또 "일기장 검사가 인권 침해일까? 아닐까?"같이 인권을 주제로 한 토론도 할 수 있어요. 우리 학교 학생 중 차별당한 경험을 조사하고 발표해 인권에 대해 관심을 높일 수도 있어요. 학생 인권 조례가 제정된 곳에서도 그 내용을 잘 알지 못하는 학생들이 많아요. 인권 동아리에서 우리 지역에 있는 학생 인권 조례를 알아보고 학생들에게 널리 알리고 홍보하는 일도 할 수 있어요.

| 부록 |

인권을 위한 전 세계의 약속

세계인권선언

수많은 인명 피해와 유대인 학살, 핵무기라는 끔찍한 무기를 탄생시켰던 제2차 세계 대전이 1945년에 끝나자 전 세계 사람들은 크나큰 반성과 교훈을 얻었어요. 그것은 바로 세상 어느 누구도 '사람'으로서 존중받지 않는다면 정의롭고 평화로운 세상은 결코 만들어지지 않을 것이라는 깨달음이었지요. 그리고 전 세계 사람들이 깨달은 평화를 위한 반성과 교훈은 이후 1948년에 '세계인권선언'을 채택하는 데 큰 힘이 되었어요.

'세계인권선언'은 선언의 핵심 내용이 정리된 전문과 이를 뒷받침하는 총 30개의 부속 조항으로 구성되어 있어요. 전문은 세상 모든 사람들이 누려야 할 권리인 인권이 세계 정의와 평화의 기준임을 강조해요. 그리고 이 세계인권선언의 내용이 전 세계가 모두 노력해야 할 인권의 공통 기준임을 강조하고 있지요.

부속 조항의 1조와 2조는 세계인권선언의 가장 핵심적인 내용 두 가지를 담고 있어요. 1조는 '모든 사람은 인간으로서 존중받을 권리가 있다'는 것을 다시 한 번 강조하고, 2조는 '모든 사람이 차별받지 않아야 하며 누구나 선언에 나온 모든 권리를 동등하게 누려야 한다'는 것을 명확히 밝히고 있지요.

3조부터 21조는 자유로운 한 사람으로서 인간이 누려야 할 권리와 정치에 참여할 권리를 나열해요. 그래서 이 부분을 '시민적, 정치적 권리' 또는 '자유권적 인권'이라고 말하지요. 22조부터 27조는 사람들이 일하고 쉴 권리, 문화생활과 사회 보장을 누릴 권리를 이야기해요. 이는 이후에 '사회권적 인권'이라고 불리죠. 마지막으로 28조부터 30조는 세계인권선언이 추구하는 세상을 다시 한 번 밝히고, 인권을 위한 모든 사람의 책임을 강조하며, 다른 사람의 인권을 파괴할 수 있는 인권은 존재하지 않는다는 것을 명확히 밝히고 있어요. 이것이 바로 '연대권'에 해당하지요. 이렇게 세계인권언은 인권의 기본적인 내용과 인권의 가치가 모두 포함된 '인권에 대한 기초'라고 할 수 있어요.

세계인권선언에 대해 잘 모르는 사람들은 세계인권선언이나 선언의 내용이 제2차 세계 대전에서 승리한 강대국의 둔화만을 생각해 만들어졌고, 그들에게 이로운 방식으로 만들어졌다고 주장하기도 해요. 하지만 이것은 사실이 아니에요. 실제로 세계인권선언은 단순히 전쟁의 승전국인 몇몇 나라에 의해서만 만들어진 게 아니거든요. 세계인권선언이 만들어진 과정을 잘 살펴보면 쉽게 알 수 있어요. 세계인권선언은 서로 다른 문화와 종교를 가진 유엔 회원국 58개국이 모두 참여해 만들었어요.

1947년 1월부터 1948년 12월까지 2년 동안 58개 유엔 가입국은 선언문을 완성하고자 단어 하나와 문장 하나를 꼼꼼하게 살펴보았어요. 하나의 문장을 선언문으로 채택하려고 수많은 회의와 논쟁을 했고, 이를 선언문에 반영하고자 총 1400번의 투표를 진행했다고 해요. 이렇게 많은 나라에서 이렇게 많은 생각을 모아 만든 선언은 세계인권선언이 최초라고 할 수 있어요.

58개국이 함께 노력한 끝에 선언의 전체 30개 조항이 하나하나 투표를 거쳐 정해졌어요. 그리고 1948년 12월 10일, 유엔 총회에서 세계인권선언은 48개국의 찬성으로 채택되었어요. 여덟 나라가 기권표를 던지긴 했지만, 이 선언을 만드는 데 반대한 나라는 단 한 나라도 없었어요. 이 말은 세계인권선언에서 이야기하는 인권의 가치와 의미만큼은 반대하지 않았다는 말이죠. 이런 과정을 거쳐 만들어진 세계인권선언은 나라와 문화, 종교를 뛰어넘어 모든 사람들이 누려야 할 인권의 세계 기준으로 인정받았어요.

물론 세계인권선언이 모든 이의 인권을 보장하는 데 완벽하다고 할 수는 없어요. 세계인권선언은 어디까지나 전 세계인이 지켜야 할 약속을 말 그대로 '선언'한 것이지 강력하게 제지할 수는 없기 때문이에요. 그래서 실제로 잘 지키지 않는 나라에서는 큰 효과가 없을 것이라는 비판도 있었지요. 하지만 전 세계 나라들은 이 세계인권선언을 기초로 각종 협약과 조약을 만들어 실제로 세계 인권을 보장하기 위해 노력하고 있어요. 만약 세계인권선언이 없었다면 이런 노력들은 상상할 수도 없었겠지요.

또 이 선언이 만들어진 시대에는 중요하게 여겨지지 않거나 드러나지 않았던 인권의 문제가 포함되지 않았기 때문에 오늘날의 눈으로 보면 미흡한 점이 제법 있다는 비판도 있어요. 예를 들면 당시 선언문에는 2조에 나오는 차별 금지 항목 중에 장애, 성정체성, 나이와 같은 최근 민감한 인권 문제의 항목은 직접적으로 언급되어 있지 않아요. 또한 선언문 내용 중간중간에 남녀 차별적인 단어가 포함된 것도 사실이고요. 하지만 이는 세계인권선언이 만들어질 당시 인권에 대한 사람들의 생각을 나타낸 것일 뿐, 세계인권선언이 추구하는 생각과 가치가 그것들에 관심이 없거나 부정적으로 보는 것은 아니에요.

세계인권선언은 채택된 지 70년이 다 되었지만 여전히 전 세계 사람들의 평화와 인권을 위한 약속으로 여겨지고 있어요. 전 세계 사람들이 세계인권선언에서 이야기하는 기본적인 약속을 제대로 지키기 위한 노력을 멈추지 않는다면, 전 세계 사람을 소중히 여기고 평화를 누리는 세상에 대한 인류의 꿈은 언젠가 이루어질 수 있을 거예요.

전문

우리가 인류 가족 모든 구성원의 타고난 존엄성과, 그들의 평등하고 빼앗길 수 없는 권리를 인정할 때, 자유롭고 정의롭고 평화적인 세상의 토대가 마련될 것이다.

인권을 무시하고 짓밟은 탓에 인류의 양심을 분노하게 한 야만적인 일들이 발생하였다. 따라서 보통 사람들이 바라는 간절한 소망이 있다면 그것은 바로 모든 사람이 말할 자유, 신앙의 자유, 공포로부터의 자유, 그리고 결핍으로부터의 자유를 누릴 수 있는 세상의 등장이라고 우리 모두가 한목소리로 외치게 되었다.

인간이 폭정과 탄압에 맞서 최후의 수단으로써 폭력적 저항에 의존해야 할 지경에까지 몰리지 않으려면 법의 지배를 통해 인권을 보호해야만 한다.

오늘날 각 나라들 사이에서 친선 관계의 발전을 도모하는 일이 반드시 필요하게 되었다.

유엔의 모든 인민들은 유엔헌장을 통해 기본적 인권에 대한 신념, 인간의 존엄성 및 가치에 대한 신념, 남성과 여성의 평등한 권리에 대한 신념을 재확인했으며, 더욱 폭넓은 자유 속에서 사회 진보 및 더 나은 생활 수준을 촉진시키자고 다짐한 바 있다.

유엔 회원국들은, 유엔과 협력하여, 인권과 기본적 자유를 함께 존중하고 준수하며, 그것을 증진하자고 약속하였다.

그런데 이러한 서약을 온전히 실현하려면 인권이 무엇인지 또 자유가 무엇인지에 관해 모든 사람이 공통적으로 이해하는 것이 무엇보다 긴요하다.

따라서 이제, 유엔 총회는 사회의 모든 개인과 모든 조직이 이 선언을 언제나 마음속 깊이 간직하면서, 가르침과 배움을 통해 이러한 권리와 자유가 존중되도록 애써 노력하며, 국내에서든 국제적으로든, 전향적이고 지속적인 조치를 통해 이러한 권리와 자유가 보편적이고 효과적으로 인정되고 지켜지도록 애써 노력하기 위하여, 모든 인민과 모든 국가가 다 함께 달성해야 할 하나의 공통 기준으로서 유엔 회원국 인민들과 회원국의 법적 관할 하에 있는 영토의 인민들에게 세계인권선언을 선포하는 바이다.

제1조

모든 사람은 자유로운 존재로 태어났고, 똑같은 존엄과 권리를 가진다. 사람은 이성과 양심을 타고났으므로 서로를 형제애의 정신으로 대해야 한다.

제2조

모든 사람은, 인종, 피부색, 성, 언어, 종교, 정치적 견해 또는 그 밖의 견해, 출신 민족 또는 사회적 신분, 재산의 많고 적음, 출생 또는 그 밖의 지위에 따른 그 어떤 구분도 없이, 이 선언에 나와 있는 모든 권리와 자유를 누릴 자격이 있다.

더 나아가, 어떤 사람이 속한 곳이 독립국이든, 신탁 통치령이든, 비자치령이든, 그 밖의 어떤 주권상의 제약을 받는 지역이든 상관없이, 그곳의 정치적 지위나 사법 관할권상의 지위 혹은 국제적 지위를 근거로 사람을 구분해서는 절대로 안 된다.

제3조

모든 사람은 생명을 가질 권리, 자유를 누릴 권리, 그리고 자기 몸의 안전을 지킬 권리가 있다.

제4조

어느 누구도 노예가 되거나 타인에게 예속된 상태에 놓여서는 안 된다. 노예 제도와 노예 매매는 어떤 형태로든 일절 금지된다.

제5조

어느 누구도 고문, 또는 잔인하고 비인도적이거나 모욕적인 처우 또는 처벌을 받아서는 안 된다.

제6조

모든 사람은 그 어디에서건 법 앞에서 다른 사람과 똑같이 한 인간으로 인정받을 권리가 있다.

제7조

모든 사람은 법 앞에서 평등하며, 어떤 차별도 없이 똑같이 법의 보호를 받을 자격이 있다. 모든 사람은 이 선언에 위배되는 그 어떤 차별에 대해서도 그리고 그러한 차별에 대한 그 어떤 선동 행위에 대해서도 똑같은 보호를 받을 자격이 있다.

제8조

모든 사람은 헌법 또는 법률이 보장하는 기본권을 침해당했을 때 해당 국가의 법정에서 적절하게 구제받을 권리가 있다.

제9조

어느 누구도 함부로 체포 또는 구금되거나 해외로 추방되어서는 안 된다.

제10조

모든 사람은 자신의 권리와 의무가 무엇인지를 가려내고, 자신에게 가해진 범죄 혐의에 대해 심판을 받을 때에, 독립적이고 불편부당한 법정에서 다른 사람과 똑같이 공정하고 공개적인 재판을 받을 자격이 있다.

제11조

1. 형사상 범죄 혐의로 기소당한 사람은 누구나 자신의 변호를 위해 필요한 모든 법적 보장이 되어 있는 공개 재판에서 법에 따라 정식으로 유죄 판결이 나기 전까지 무죄로 추정 받을 권리가 있다.
2. 어떤 사람이 이전에 국내법 또는 국제법상 범죄가 아니었던 일을 행하거나 행하지 않았던 것을 두고 그 후에 유죄로 판결해서는 안 된다. 또

한 범죄를 저지른 당시에 부과할 수 있었던 처벌보다 더 무거운 처벌을 그 후에 부과해서도 안 된다.

제12조

어느 누구도 자신의 사생활, 가족 관계, 가정, 또는 타인과의 연락에 대해 외부의 자의적인 간섭을 받지 않으며, 자신의 명예와 평판에 대해 침해를 받지 않는다. 모든 사람은 그러한 간섭과 침해에 대해 법의 보호를 받을 권리가 있다.

제13조

1. 모든 사람은 자기 나라 내에서 어디에든 갈 수 있고, 어디에든 살 수 있는 자유를 누릴 권리가 있다.
2. 모든 사람은 자기 나라를 포함한 어떤 나라로부터도 출국할 권리가 있으며, 또한 자기 나라로 다시 돌아올 권리가 있다.

제14조

1. 모든 사람은 박해를 피해 다른 나라에서 피난처를 구할 권리와 그것을 누릴 권리를 가진다.

2. 그러나 이 권리는 순수하게 비정치적인 범죄로 제기된 법적 소추 또는 유엔의 목적과 원칙에 위배되는 행위로 제기된 법적 소추의 경우에는 적용되지 않는다.

제15조

1. 모든 사람은 국적을 가질 권리가 있다.
2. 어느 누구도 함부로 자신의 국적을 빼앗기지 않으며, 또한 자신의 국적을 바꿀 권리를 부정당하지 않는다.

제16조

1. 성인이 된 남녀는 인종이나 국적, 종교에 따른 어떠한 제약도 받지 않고, 결혼할 수 있는 권리 그리고 가정을 이룰 권리가 있다. 남성과 여성은 결혼 시, 결혼 중 그리고 이혼 시에 서로 똑같은 권리를 가진다.
2. 결혼은 오직 배우자가 되려는 당사자 간의 자유롭고 완전한 합의에 의해서만 유효하다.
3. 가정은 사회의 자연적이고 기초적인 구성 단위이므로 사회와 국가의 보호를 받을 자격이 있다.

제17조

1. 모든 사람은 다른 사람들과 공동으로 그리고 단독으로 재산을 소유할 권리가 있다.
2. 어느 누구도 자기 재산을 함부로 빼앗기지 않는다.

제18조

모든 사람은 사상의 자유, 양심의 자유 그리고 종교의 자유를 누릴 권리가 있다. 이러한 권리에는 자신의 종교 또는 신앙을 바꿀 자유도 포함된다. 또한 이러한 권리에는 혼자 또는 다른 사람들과 함께, 공개적으로 또는 사적으로, 자신의 종교나 신앙을 가르치고 실천하고 예배 드리고 엄수할 자유가 포함된다.

제19조

모든 사람은 의사 표현의 자유를 누릴 권리가 있다. 이 권리에는 간섭받지 않고 자기 의견을 지닐 수 있는 자유와, 모든 매체를 통하여 국경과 상관없이 정보와 사상을 구하고 받아들이고 전파할 수 있는 자유가 포함된다.

제20조

1. 모든 사람은 평화적 집회와 결사의 자유를 누릴 권리가 있다.
2. 어느 누구도 어떤 모임에 소속될 것을 강요당해서는 안 된다.

제21조

1. 모든 사람은 자기가 직접 참여하든 또는 자유롭게 선출된 대표를 통해서 간접적으로 참여하든 간에, 자기 나라의 국정에 참여할 권리가 있다.
2. 모든 사람은 자기 나라의 공직을 맡을 평등한 권리가 있다.
3. 인민의 의지가 정부 권위의 토대를 이룬다. 인민의 의지는, 주기적으로 시행되는 진정한 선거를 통해 표출된다. 이러한 선거는 보통 선거와 평등 선거로 이루어지고, 비밀 투표 또는 비밀 투표에 해당하는 자유로운 투표 절차에 따라 시행된다.

제22조

모든 사람은 사회의 구성원으로서 사회 보장을 받을 권리가 있다. 또한 모든 사람은, 국가의 자체적인 노력과 국제적인 협력을 통해, 그리고 각 국이 조직된 방식과 보유한 자원의 형편에 맞춰 자신의 존엄성과 인격의 자유로운 발전에 반드시 필요한 경제적·사회적·문화적 권리를 실현할 자격이 있다.

제23조

1. 모든 사람은 노동할 권리, 자유롭게 직업을 선택할 권리, 공정하고 유리한 조건으로 일할 권리 그리고 실업 상태에 놓였을 때 보호받을 권리가 있다.
2. 모든 사람은 어떠한 차별도 받지 않고 동일한 노동에 대해서 동일한 보수를 받을 권리가 있다.
3. 모든 노동자는 자신과 그 가족이 인간적으로 존엄을 지키고 살아갈 수 있도록 정당하고 유리한 보수를 받을 권리가 있다. 또한 이러한 보수가 부족할 때에는 필요하다면 여타 사회 보호 수단을 통한 부조를 제공받을 권리가 있다.
4. 모든 사람은 자신의 이익을 지키기 위해 노동조합을 결성하고 그것에 가입할 권리가 있다.

제24조

모든 사람은 휴식을 취하고 여가를 누릴 권리가 있다. 이러한 권리에는 노동 시간을 적절한 수준으로 단축할 수 있는 권리 그리고 정기적인 유급 휴가를 받을 권리가 포함된다.

제25조

1. 모든 사람은 자신과 가족의 건강과 안녕에 적합한 생활 수준을 누릴 권리가 있다. 이러한 권리에는 음식, 입을 옷, 주거, 의료, 그리고 생활에 필요한 사회 서비스 등을 누릴 권리가 포함된다. 또한 실업 상태에 놓였거나, 질병에 걸렸거나, 장애가 있거나, 배우자와 사별했거나, 나이가 많이 들었거나, 그 밖에 자신의 힘으로 어찌할 수 없는 형편이 되어 생계가 곤란해진 모든 사람은 사회나 국가로부터 보호를 받을 권리가 있다.
2. 자식이 딸린 어머니 그리고 어린이·청소년은 사회로부터 특별한 보살핌과 도움을 받을 자격이 있다. 모든 어린이·청소년은 그 부모가 결혼한 상태에서 태어났건 아니건 간에 똑같은 보호를 받는다.

제26조

1. 모든 사람은 교육받을 권리가 있다. 적어도 초등 교육과 기본 교육 단계에서는 무상 교육을 실시해야 한다. 초등 교육은 의무적으로 실시해야 한다. 보통 사람들이 큰 어려움 없이 기술 교육과 직업 교육을 받을 수 있어야 하며, 고등 교육은 오직 학업 능력으로만 판단하여 모든 사람에게 똑같이 개방되어야 한다.
2. 교육은 인격을 온전하게 발달시키고, 인권과 기본적 자유를 더욱 존중할 수 있도록 그 방향을 맞춰야 한다. 교육은 모든 국가, 모든 인종 집단 또는 모든 종교 집단이 서로 이해하고 서로 관용하며 친선을 도모할 수 있게 해야 하고, 평화를 유지하기 위한 유엔의 활동을 촉진해야 한다.
3. 부모는 자녀가 어떤 교육을 받을지를 우선적으로 선택할 권리가 있다.

제27조

1. 모든 사람은 자기가 속한 공동체의 문화생활에 자유롭게 참여할 권리, 예술을 즐길 권리, 학문적 진보와 그 혜택을 함께 누릴 권리가 있다.
2. 모든 사람은 자신이 만들어 낸 모든 학문, 문예, 예술의 창작물에서 생기는 정신적·물질적 이익을 보호받을 권리가 있다.

제28조

모든 사람은 이 선언에 나와 있는 권리와 자유가 온전히 실현될 수 있는 사회 체제 및 국제 체제에서 살아갈 자격이 있다.

제29조

1. 모든 사람은 자신이 속한 공동체에 대하여 의무를 진다. 어떤 사람이든 그러한 공동체를 통해서만 자신의 인격을 자유롭고 온전하게 발전시킬 수 있기 때문이다.
2. 모든 사람이 자신의 권리와 자유를 온전하게 행사할 수 있지만, 다음과 같은 경우에는 예외적으로 그러한 권리와 자유가 제한될 수 있다. 즉, 타인에게도 나와 똑같은 권리와 자유가 있다는 사실을 인정하고 존중해 주기 위해 제정된 법률에 의해서, 그리고 민주 사회의 도덕률과 공중 질서, 사회 전체의 복리를 위해 정당하게 요구되는 사안을 충족시키기 위해 제정된 법률에 의해서는 제한될 수 있다.
3. 그 어떤 경우에도 이러한 권리와 자유를 유엔의 목적과 원칙에 어긋나게 행사해서는 안 된다.

제30조

이 선언에 나와 있는 어떤 내용도 다음과 같이 해석해서는 안 된다. 즉, 어떤 국가, 집단 또는 개인이 이 선언에 나와 있는 그 어떤 권리와 자유라도 파괴하기 위한 활동에 가담할 권리가 있다고 암시하거나, 그러한 행동을 할 권리가 있다는 식으로 해석해서는 절대로 안 된다.

번역: 조효제 성공회대학교 교수

제공: 국제앰네스티 한국지부 AMNESTY INTERNATIONAL